포켓 터틀과 함께하는 나도 코딩은 이렇게 구성되어 있어요!

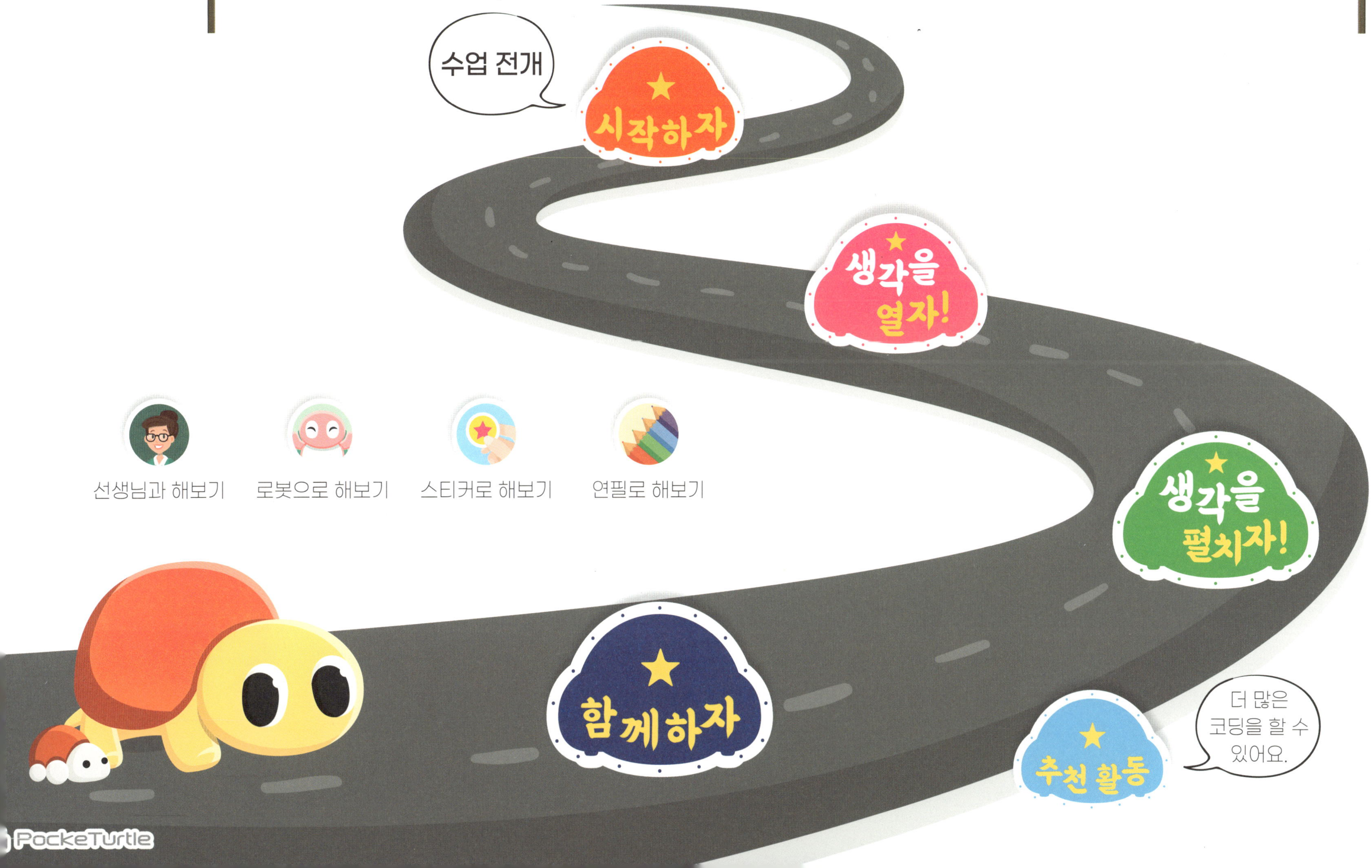

수업 전개

시작하자

생각을 열자!

생각을 펼치자!

선생님과 해보기 로봇으로 해보기 스티커로 해보기 연필로 해보기

함께하자

추천 활동

더 많은 코딩을 할 수 있어요.

이 책의 차례

PART 1.
코딩맨의 탄생

준비해요! 코딩 .. 5
자, 꺼내 보세요 .. 6
나만의 포켓 터틀을 꾸며 보세요 .. 7
대화가 필요해요 .. 8
명령어를 만들어 보세요 .. 9
두 눈을 크게! 살펴보세요 .. 10
알록달록 포켓터틀 .. 11
카멜레온이 된 포켓 터틀 .. 12
달려라! 포켓 터틀 .. 13

PART 2.
나는 매너 있는 코딩맨

라인 코딩(Line Coding) .. 15
라인 코딩 모드를 켜요 .. 16
직선을 따라 가요 .. 17
곡선을 따라 가요 .. 18
좋은 길 나쁜 길 .. 19
도로 설계하기 .. 20
알록달록 색 명령어 .. 21
계속 앞으로만 갈 거야? .. 22
라인 코딩 연습하기 .. 23
어지러워! 교차로를 만났어요 .. 24
교차로 이동 코딩 연습하기 .. 25
교차로 위를 쌩쌩 달려요 .. 26
명담징 코딩맨 .. 27
토끼는 무엇을 좋아할까 .. 28
개구리는 어떻게 성장할까 .. 29

PART 3.
차근차근 생각해! 코딩맨

아이러브 알고리즘 .. 31
차례차례, 척척 .. 32
놀라운 점프하기 .. 33
가족을 찾아 주세요 .. 34
출근길 설계 대작전 .. 35
복잡한 문제도 척척 .. 36

도전! 코딩 3종 경기
폭탄 제거 .. 37
가면 옮기기 .. 38
라인트레이서 .. 39

PART 4.
터틀 코딩의 유래

카드 코딩(Card Coding) .. 41
카드 코딩 모드를 켜요 .. 42
어디만큼 갔니 .. 43
빙글빙글 돌아봐 .. 44
카드 코딩 연습하기 .. 45
바닷속 친구를 찾아서 .. 46
카드 코딩 보드(바다) .. 47
빙글빙글 포켓 터틀 .. 48
공룡 구출 대작전 .. 49

추천 활동

코코와 포코 색칠하기 .. 50
명령어를 듣고 움직이기 .. 51
신기한 포켓 터틀 악기 놀이 .. 52
포켓 터틀 댄스 대회 .. 53
라인 코딩 연습하기 1, 2 .. 54 · 55
포켓 터틀 운전 면허 .. 56
카드 코딩 보드(과일) .. 57

부록

활동 딱지 · 스티커

 코딩맨의 탄생

준비해요! 코딩

코딩을 하기 전에 알아야 할 중요한 것들이 있어요.

어머, 이건 꼭 알아야 해!

주어진 문제를 컴퓨터처럼 다루며 해결하는 내 생각 주머니

딱딱한 도시락 통 같은 기계들 (컴퓨터, 스마트 폰, 로봇 등)

하드웨어를 똑똑하게 작동하게 하는 프로그램들

프로그램을 생각하고 쓰는 능력

컴퓨팅 사고력 — **하드웨어** — **소프트웨어** — **코딩능력**

 포켓 터틀도 하드웨어와 소프트웨어로 만들어졌지!

하드웨어와 소프트웨어를 구분하여 바구니에 붙이세요.

준비물 : 스티커

 **자, 꺼내보세요**

내가 준비한 것에 ○ 표하세요.

포켓 터틀 코딩에 필요한 재료들을 살펴봐!

나도 코딩 책

명령어 카드

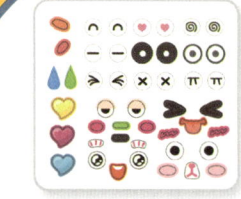
표정 스티커

8색 스티커

음계 카드

8색 마커

앗! 얼굴이 이상해!

포켓 터틀

PockeTurtle

나만의 포켓 터틀을 꾸며 보세요

포켓 터틀의 얼굴을 꾸미고, 전원을 켜세요.

지금부터 신나게 시작하자!

❶ 스티커로 포켓 터틀의 얼굴을 꾸며볼까요?

짜잔, 포켓 터틀 얼굴이 완성되었어요!

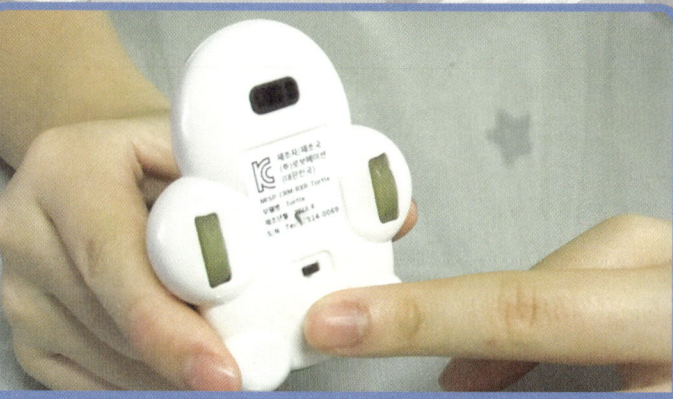

❷ 포켓 터틀을 잠에서 깨워볼까요?

와! 무지개색을 조명을 깜박여요!

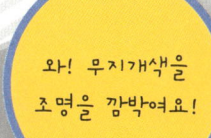

1. 포켓 터틀을 잠에서 깨워주세요.
2. 잠에서 깬 포켓 터틀의 머리 색을 말해주세요.
3. 포켓 터틀을 다시 잠들게 해주세요.

 ## 대화가 필요해요

귀여운 포켓 터틀이 혼자서는 아무것도 못 한다니…. 어떻게 하면 좋을까요?

내 생각대로 포켓 터틀을 움직이게 하려면 나와 포켓 터틀만이 통하는 비밀 언어, **명령어**가 필요해요. 이 명령어들을 순서대로 연결하면 포켓 터틀을 움직이게 하는 명령문을 **코딩**할 수 있지요.

라인 코딩   카드 코딩   음악 코딩

코딩할 때는

❶ 어떻게 할 것인지 **생각해 봐요.**

❷ 생각한 **순서를** 종이에 써 봐요.

❸ **로봇을 손에 쥐고** 순서대로 **움직여 봐요.**

❹ 포켓 터틀 **코딩을 해 봐요.**

명령어를 만들어 보세요

친구와 함께 코딩맨과 로봇이 되어 명령어 만들기 놀이를 하세요.

내가 말하는 명령어를 듣고 움직여봐!

명령어
1. 입을 크게 벌려!
2. 이를 닦아!

칫솔은 도대체 언제 갖고 와?

코딩맨 역할 :
명령어를 만들고 말하기

로봇 역할 :
명령어를 듣고 명령어대로 움직이기

 코딩맨은 로봇에게 명령어를 말하기 전에 생각한 명령어를 쓰세요.

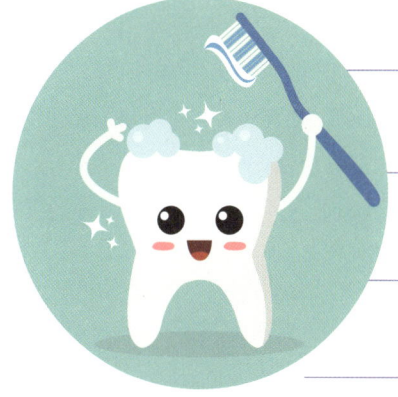

 양치질하기

 손 씻기

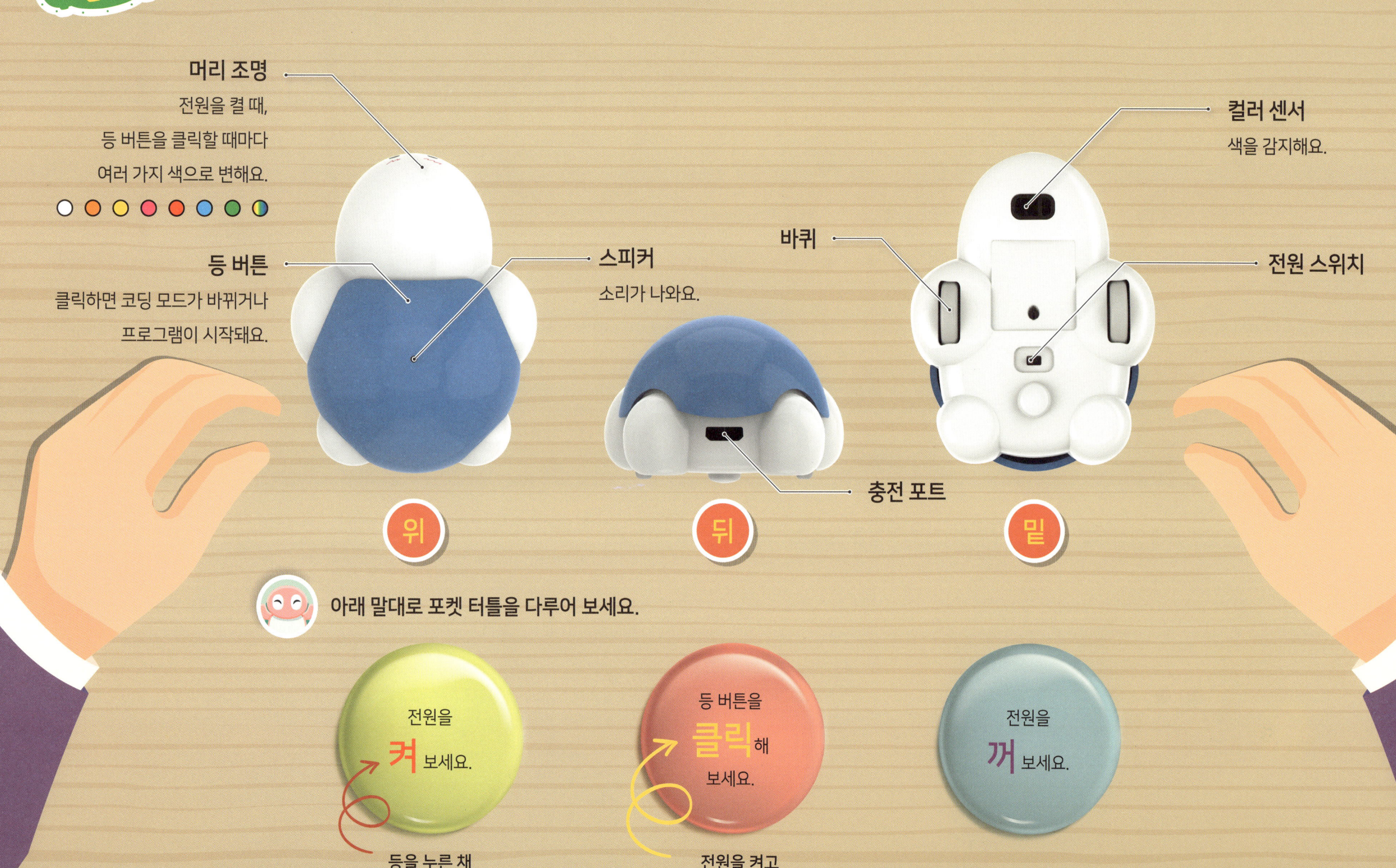

알록달록 포켓 터틀

포켓 터틀의 머리 조명 색을 살펴보세요.

등 버튼을 클릭하면 머리 조명 색을 변신할 수 있어!

 포켓 터틀의 머리 색이 변하는 것을 살펴보고, 알맞은 것끼리 줄로 이으세요.

전원을 켜면	•	•	파란색을 깜박여요.
전원을 켜고 등 버튼을 1번 클릭하면	•	•	자홍색을 깜박여요.
전원을 켜고 등 버튼을 2번 클릭하면	•	•	무지개색을 깜박여요.
전원을 켜고 등 버튼을 길게 1번 클릭하면	•	•	흰색을 켜요.

※ 포켓 터틀은 빛의 3가지 색을 섞어 여러 가지 머리 조명 색을 켜요.

카멜레온이 된 포켓 터틀

아래 순서대로 해보세요. 신기한 일이 벌어질 거예요.

❶ 등 버튼을 누른 채 전원 켜기

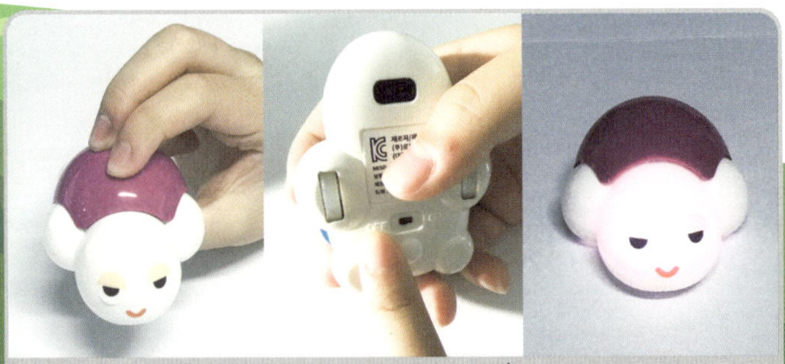

🔊 삐- 소리를 1번 내며 흰색 🔔 을 깜박여요.

❷ 등 버튼을 짧게 1번 클릭하기

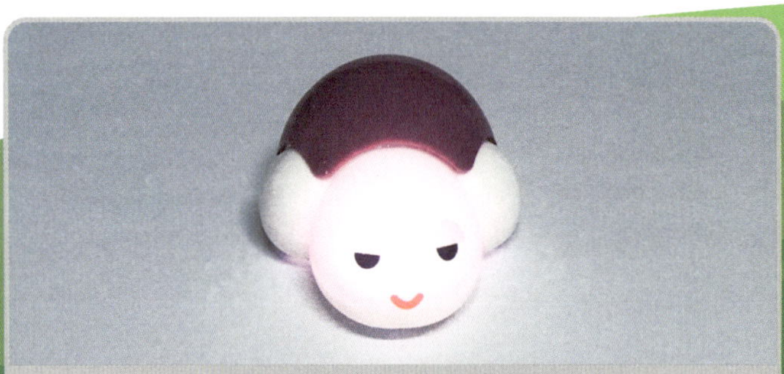

🔊 삐- 소리를 1번 내며 흰색 🔔 을 켜요.

 ❶, ❷대로 한 뒤에, 포켓 터틀이 여러 가지 색을 감지하게 하세요.

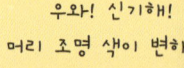

우와! 신기해! 머리 조명 색이 변하

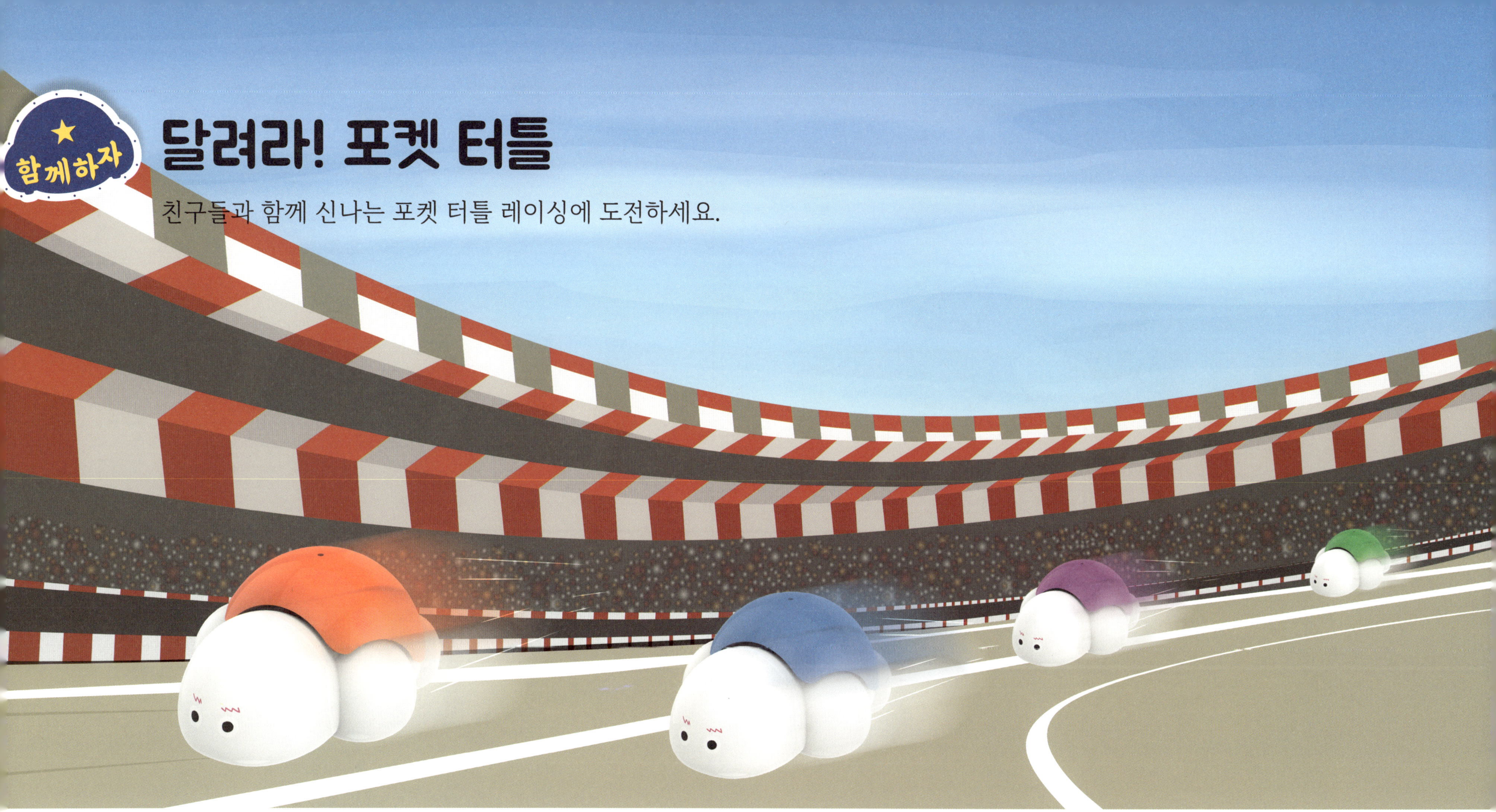

달려라! 포켓 터틀

친구들과 함께 신나는 포켓 터틀 레이싱에 도전하세요.

❶ 등 버튼을 누른 채 전원 켜기

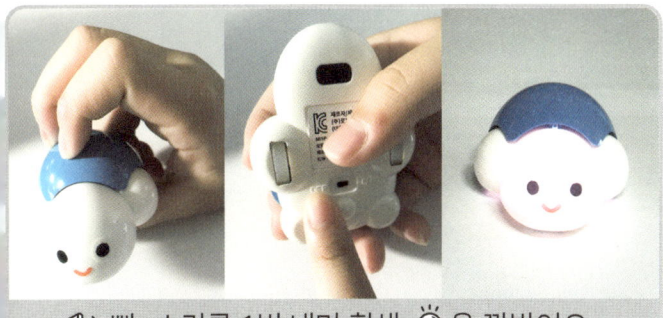

🔊 삐- 소리를 1번 내며 흰색 🚨 을 깜박여요.

❷ 등 버튼을 짧게 3번 클릭하기

🔊 삐- 소리를 3번 내며 하늘색 🚨 을 켜요.

❸ 등 버튼을 짧게 1번 클릭하기

🔊 엔진 소리를 내며
무지개색 🚨 을 깜박인 후에 달려가요.
이때 달려가는 속도와 거리는 무작위로 결정되며
3~5번 달리고 서기를 반복해요.

나는 매너있는 코딩맨

 ❶~❹ 중 사이버 세상에서 해도 되는 일에는 ○ 표, 하지 말아야 하는 일에는 X 표하세요.

※ 사이버 세상 : 컴퓨터나 인터넷 등으로 만들어진 가상의 공간

라인 코딩(Line Coding)

색 명령어를 코딩해 포켓 터틀을 움직이게 할 수 있어요.

 1. 검은색 라인에는 △를, 색 명령어에는 ○를 표시하세요.
2. 포켓 터틀을 손에 쥐고 검은색 라인을 따라 움직이세요.

 # 라인 코딩 모드를 켜요

 라인 코딩 순서를 알아보세요.

1 전원 켜기

2 라인 코딩 모드 켜기

짧게 1번 클릭

3 라인 위에 놓기

검은색 라인 오른쪽에 포켓 터틀을 놓으세요.

포켓 터틀이 검은색 라인을 따라 이동하네!

4 출발하게 하기

짧게 1번 클릭

※ 검은색 라인 위에 포켓 터틀을 놓는 위치를 확인하세요.

 ## 직선을 따라 가요

 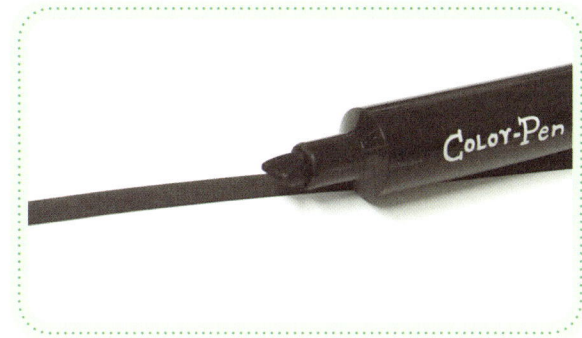

준비물
포켓 터틀, 검은색 마커

 **1** 포켓 터틀이 검은색 라인을 따라 이동하게 하세요.

검은색 라인 위에
포켓 터틀을
바르게 놓으세요.

 출발

2 검은색 라인을 완성하고, 포켓 터틀이 라인을 따라 이동하게 하세요.

곡선을 따라 가요

준비물
포켓 터틀, 검은색 마커

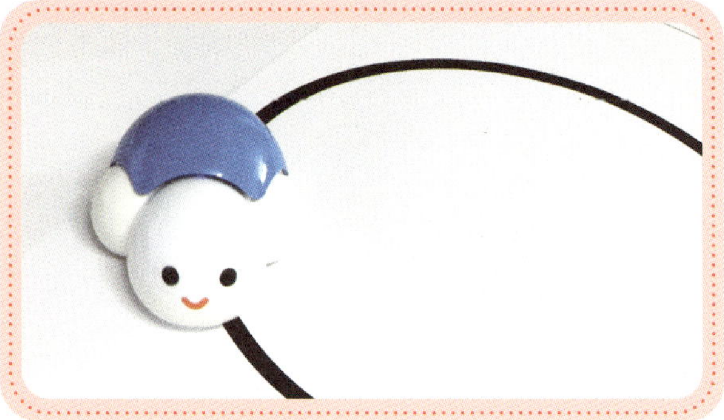

 검은색 라인을 완성하고, 포켓 터틀이 라인을 따라 이동하게 하세요.

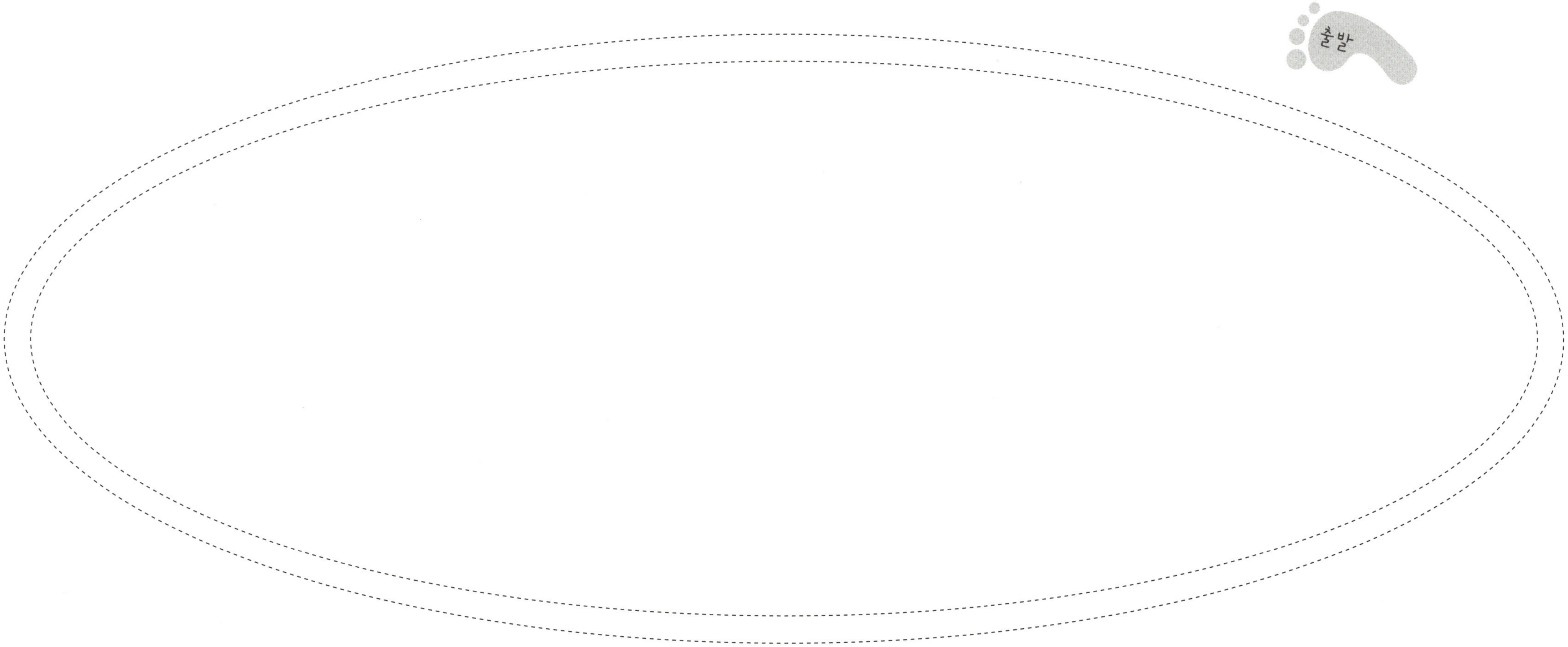

# 좋은 길 나쁜 길

준비물
포켓 터틀, 스티커

 포켓 터틀이 지나가기 좋은 라인에는 ○ 표, 그렇지 않은 라인에는 X 표 스티커를 붙이세요.

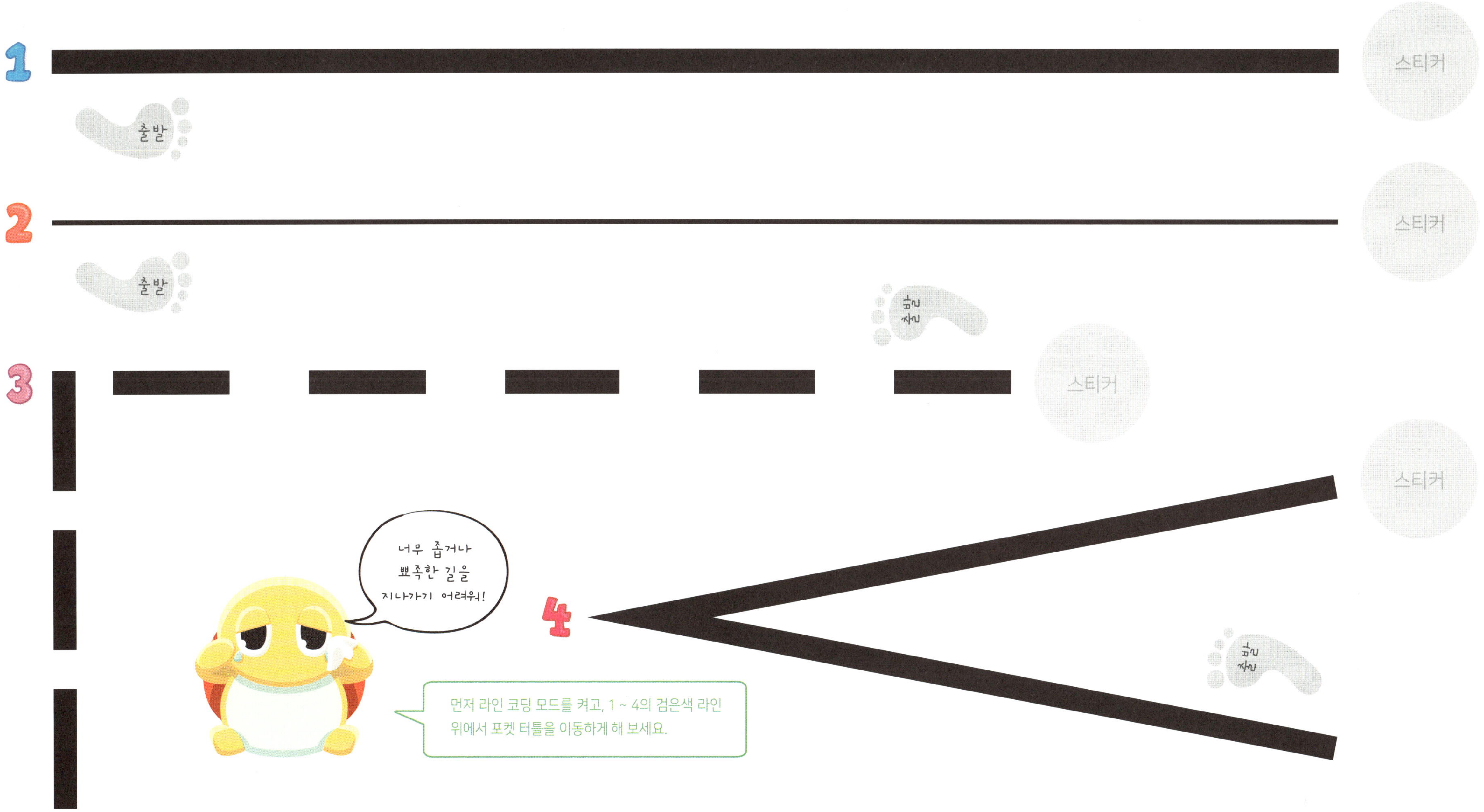

도로 설계하기

준비물
포켓 터틀, 검은색 마커

 검은색 라인을 완성하고, 포켓 터틀이 라인을 따라 이동하게 하세요.

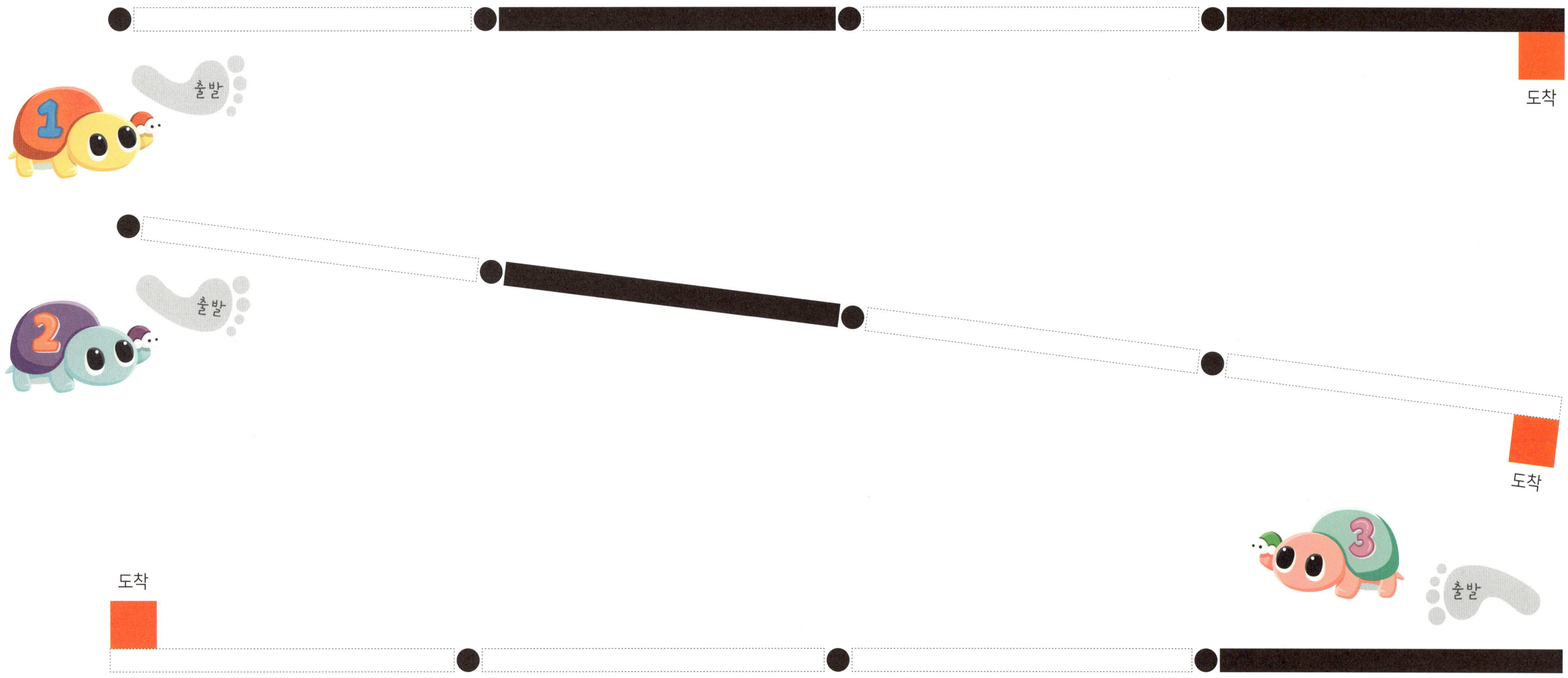

알록달록 색 명령어

준비물
포켓 터틀, 8색 마커, 수정 스티커

색 명령어를 알아보고 색칠해 보세요.

| 빨간색 | 주황색 | 노란색 | 초록색 | 청록색 | 파란색 | 자홍색 |

색 명령어는 무지개색을 닮았군!

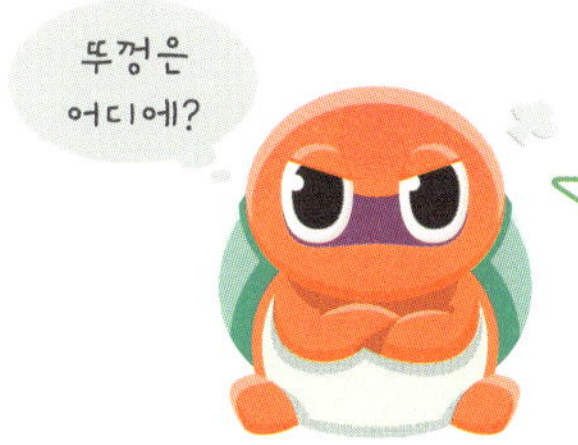

뚜껑은 어디에?

[주의 사항]
마커를 사용하지 않을 때 뚜껑을 열어두면 잉크가 말라서 사용할 수 없어요. 그리고 색칠한 명령어를 고칠 때는 수정 스티커를 사용하세요.

# 계속 앞으로만 갈 거야?

준비물
포켓 터틀, 8색 마커, 수정 스티커

 정지하기, U-턴하기 명령어를 알아보세요.

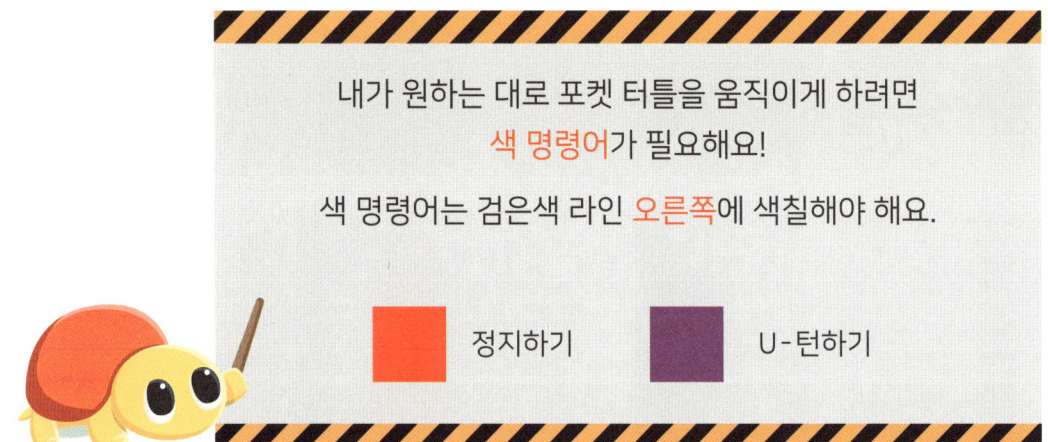

 알맞은 명령어를 색칠하세요.

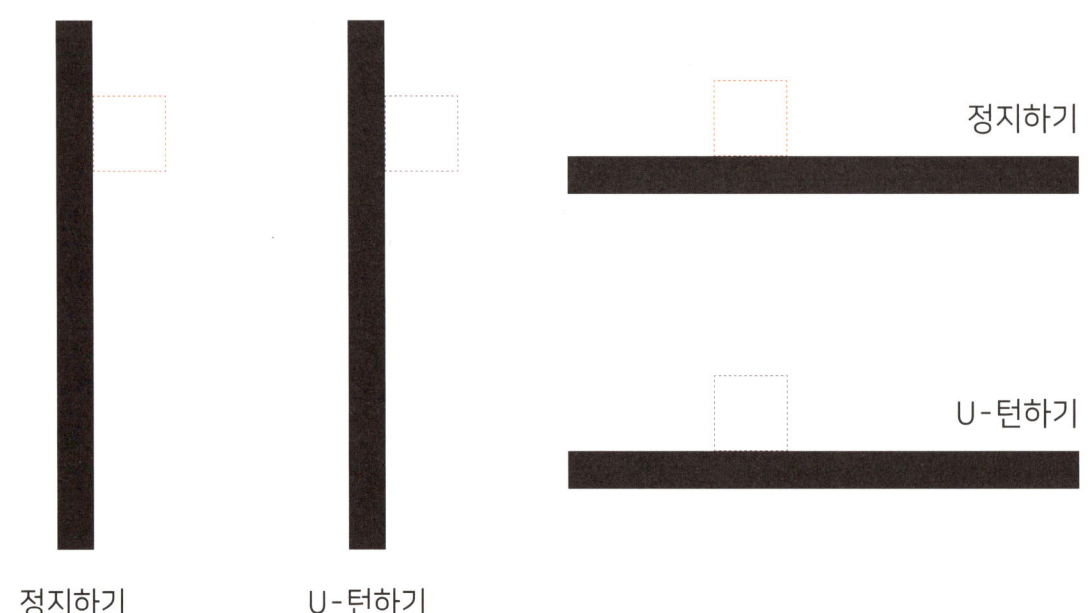

라인 코딩 연습하기

준비물
포켓 터틀, 8색 마커, 수정 스티커

검은색 라인을 따라 이동하던 포켓 터틀을 정지하게 하거나 U-턴하게 하세요.

1 정지하기

2 U-턴하기

3 다음 순서대로 코딩하기

출발하기 → U-턴 하기 → 정지하기

어지러워! 교차로를 만났어요

교차로를 만난 포켓 터틀에게 이동해야 할 방향을 명령하세요.

두 개의 길이 만나 엇갈리는 지점을 **교차로**라고 해요.

포켓 터틀이 복잡한 교차로를 지나가도록 **코딩**하세요.

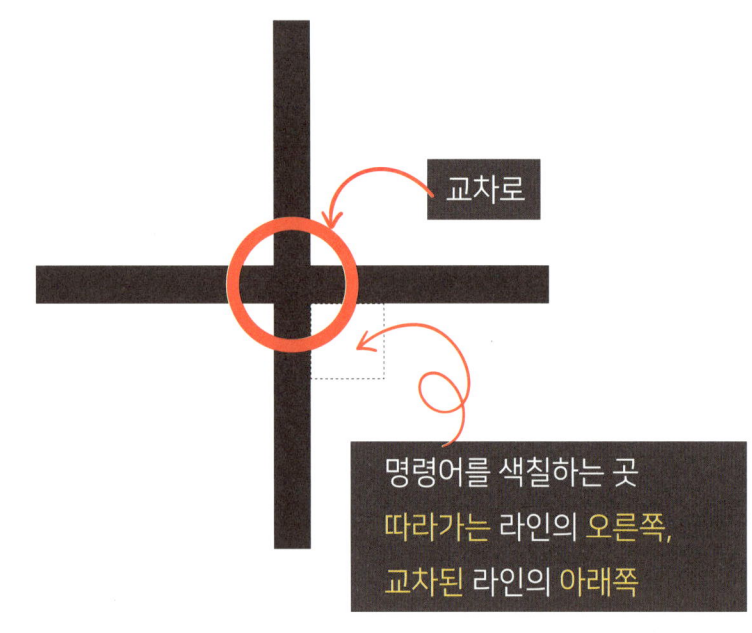

교차로

명령어를 색칠하는 곳
따라가는 라인의 **오른쪽**,
교차된 라인의 **아래쪽**

해결 방법이 있으니까 걱정하지 마!

길이 복잡해.

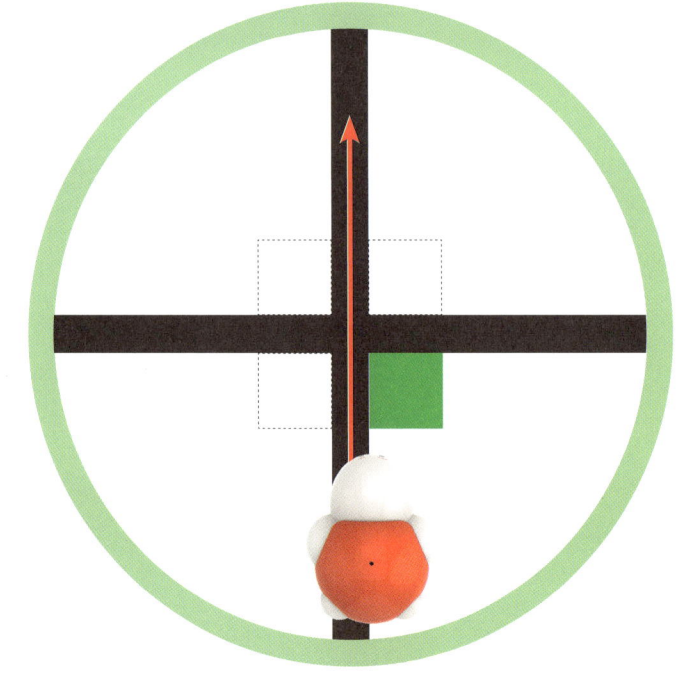

앞으로 이동하기

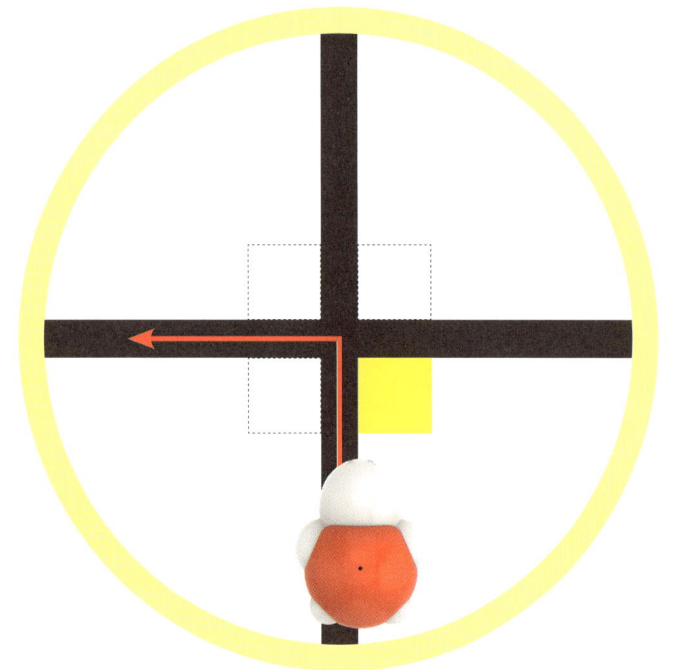

왼쪽으로 돌기

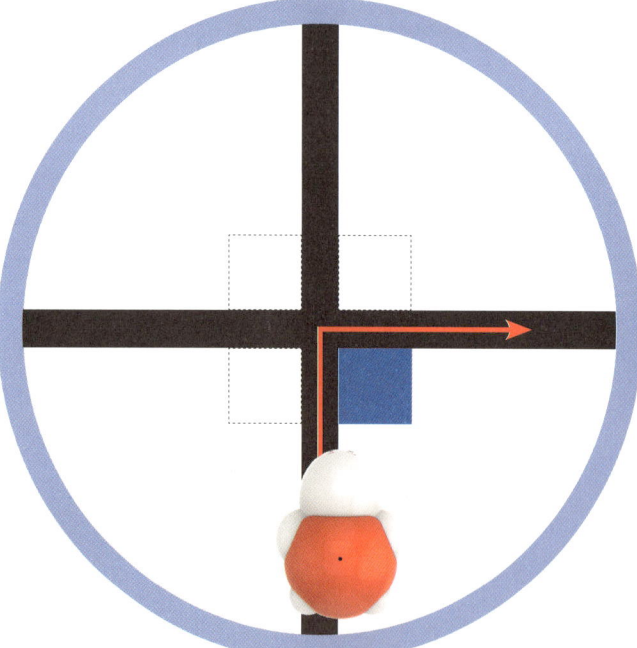

오른쪽으로 돌기

교차로 이동 코딩 연습하기

준비물
포켓 터틀, 활동 딱지(p. 59)

포켓 터틀이 교차로를 지나 내가 원하는 방향으로 이동하게 하세요.

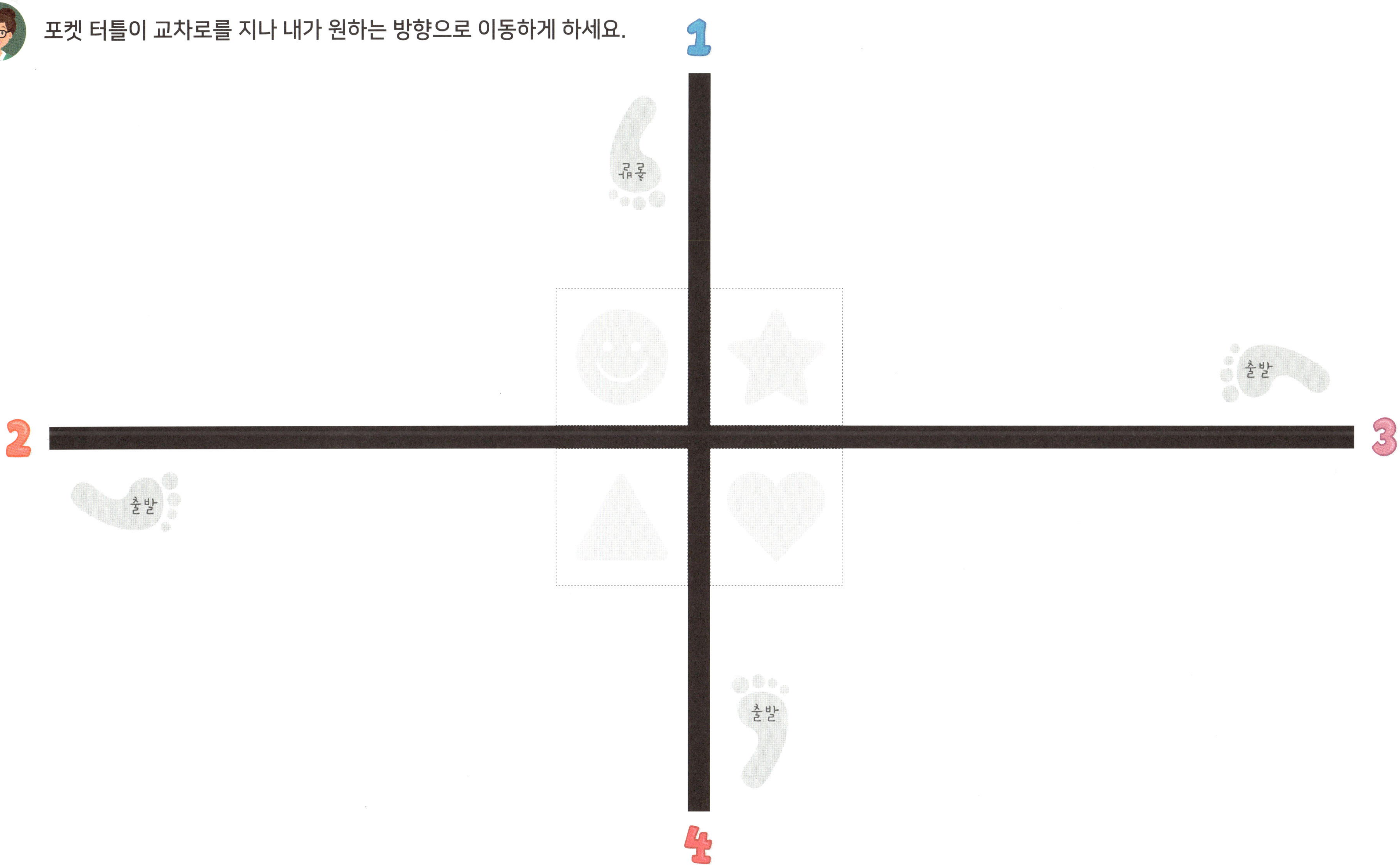

교차로 위를 쌩쌩 달려요

준비물
포켓 터틀, 8색 마커, 수정 스티커

 포켓 터틀이 교차로를 지나 이동하게 하세요.

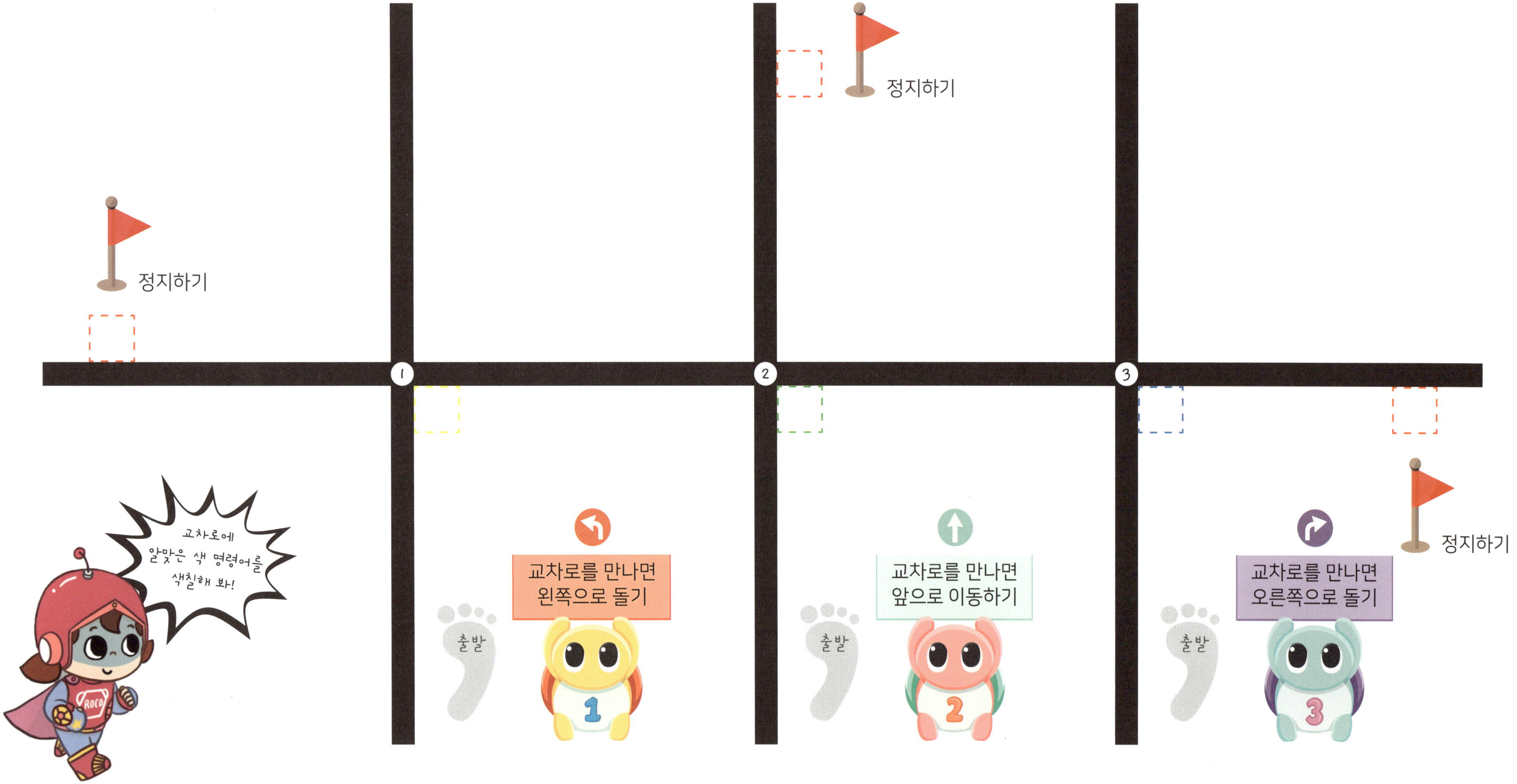

정지하기

정지하기

교차로에 알맞은 색 명령어를 색칠해 봐!

교차로를 만나면 왼쪽으로 돌기

교차로를 만나면 앞으로 이동하기

교차로를 만나면 오른쪽으로 돌기

정지하기

명탐정 코딩맨

준비물
포켓 터틀, 8색 마커, 수정 스티커

아래 그림을 보고 필요한 색 명령어를 생각하세요.

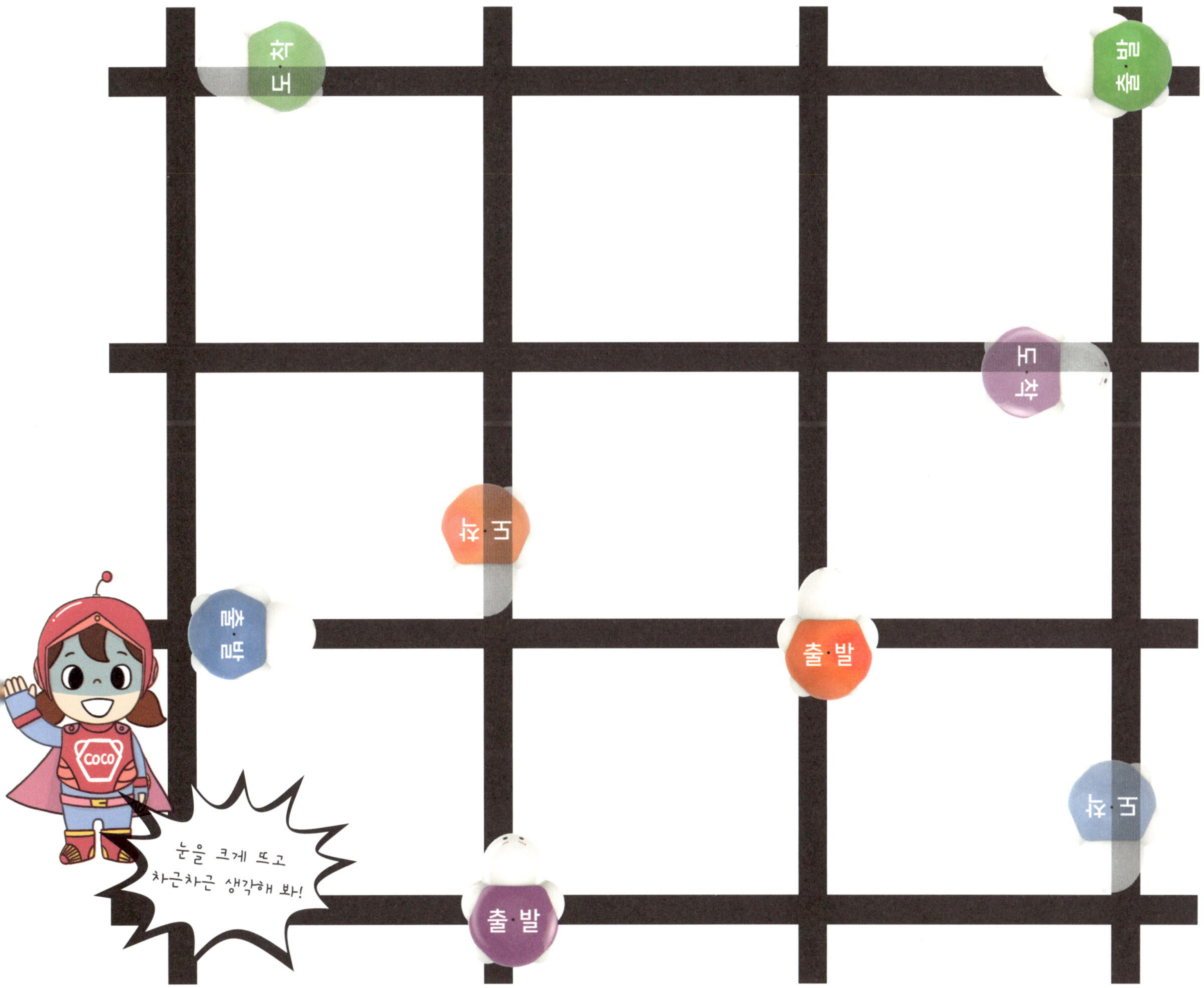

빈칸에 알맞은 색 명령어를 색칠하세요.

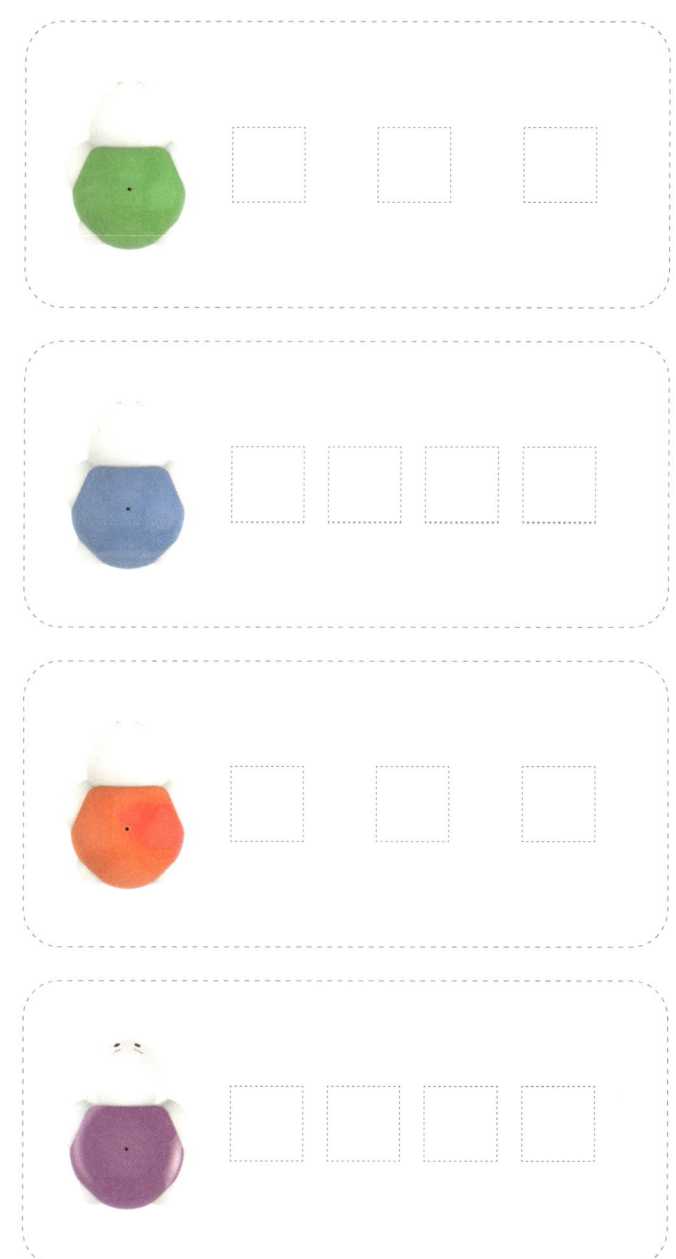

토끼는 무엇을 좋아할까

준비물
포켓 터틀, 8색 마커, 수정 스티커

 그림의 동물이 좋아하는 채소를 찾아가도록 코딩하세요.

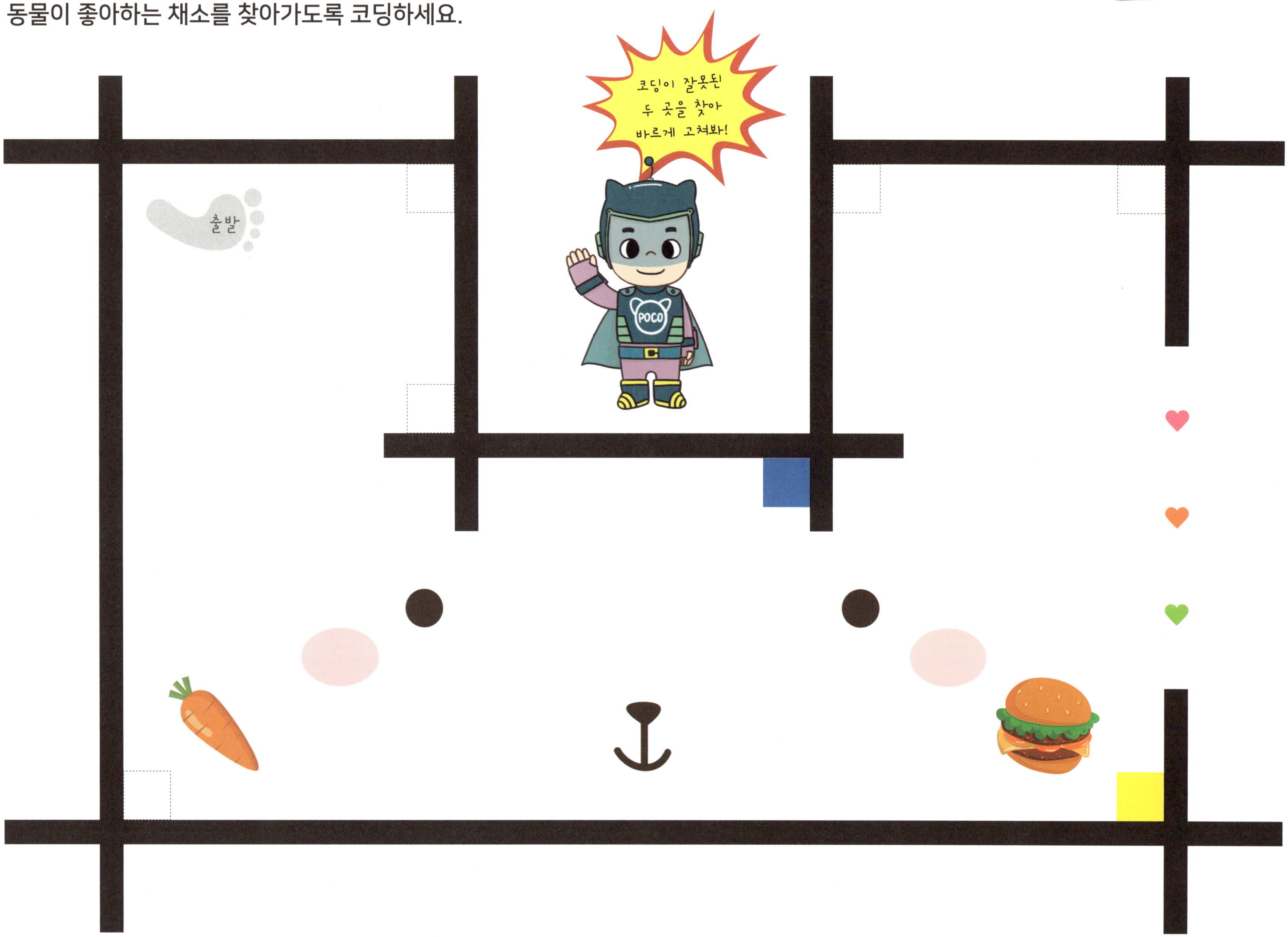

코딩이 잘못된 두 곳을 찾아 바르게 고쳐봐!

 ## 차근차근 생각해! 코딩맨

 코코와 포코 중 코딩을 더 잘할 친구의 이름을 쓰세요.
왜 그렇게 생각하나요?

아이러브 알고리즘

문제를 해결하기 위한 절차나 방법을 순서대로 나열한 것을 알고리즘이라고 해요.
우리가 하는 수많은 일에는 알고리즘과 같은 순서가 필요하지요.

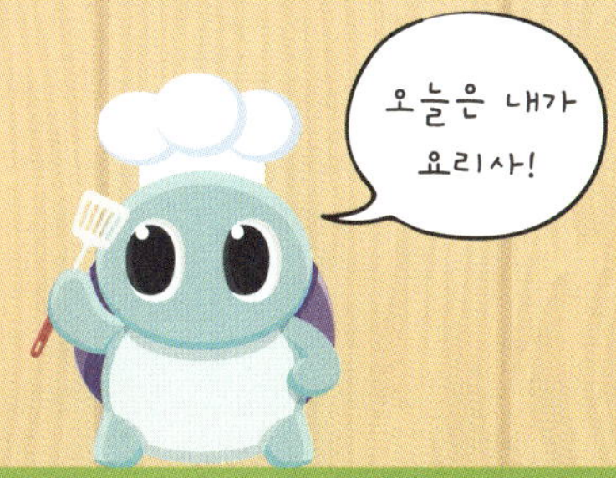

맛있는 샌드위치를 만드는 순서를 생각하고 ○에 번호를 쓰세요.

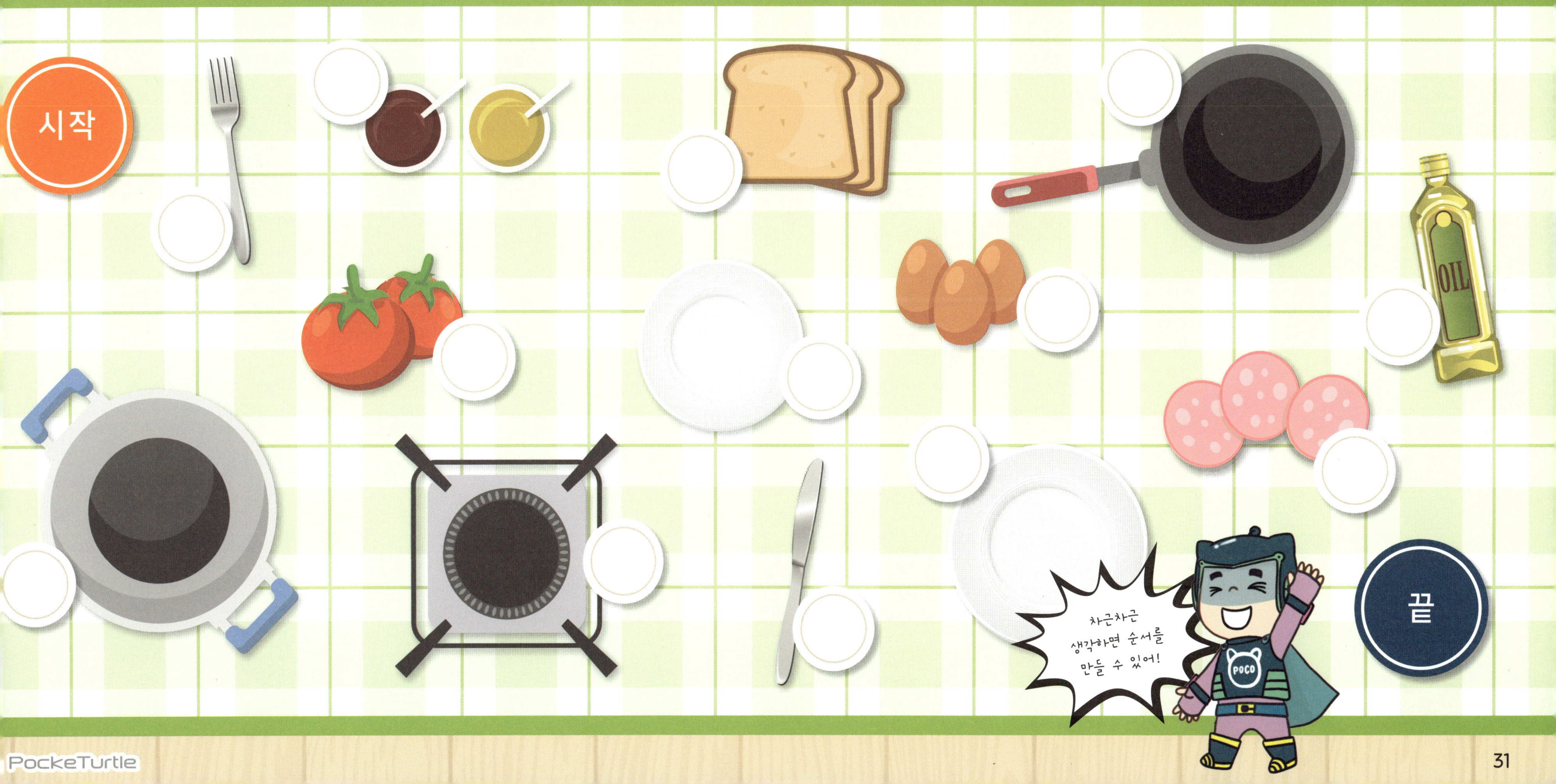

 # 차례차례, 척척

 오른쪽 글을 읽고, 그림 속 일의 올바른 순서를 생각하세요.

오늘도 로빈이는 아침 일찍 일어나 학교에 갈 준비를 해요.
먼저 신발을 신고, 옷을 입고, 맛있게 아침을 먹었지요.
그리고 신나게 집을 나섰어요.

그런데, 잠시 후 로빈이는 뭔가 이상하다고 느꼈어요.

1 학교에 가던 로빈이는 왜 이상하다고 느꼈을까요?
여러분의 생각을 이야기해 주세요.

2 올바르게 횡단보도를 건너는 순서를 생각하고 발표하세요.

놀라운 점프하기

준비물
포켓 터틀, 8색 마커, 수정 스티커

 포켓 터틀이 건너편 길로 건너가게 코딩하세요.

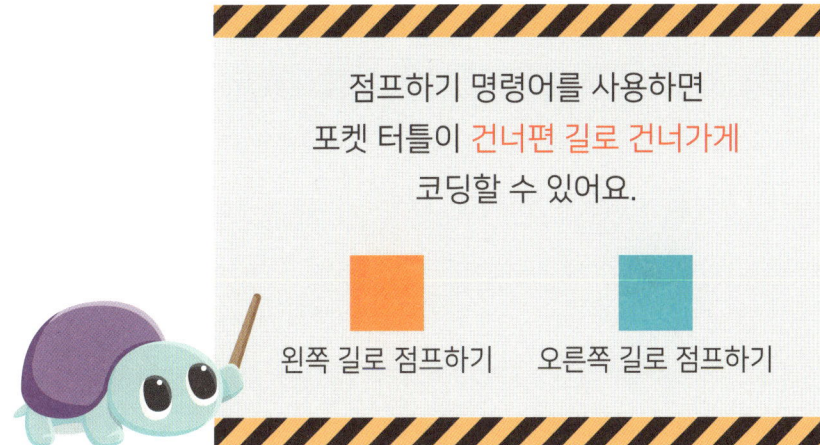

 명령어를 바르게 색칠하세요.

오른쪽 길로 점프하기   왼쪽 길로 점프하기

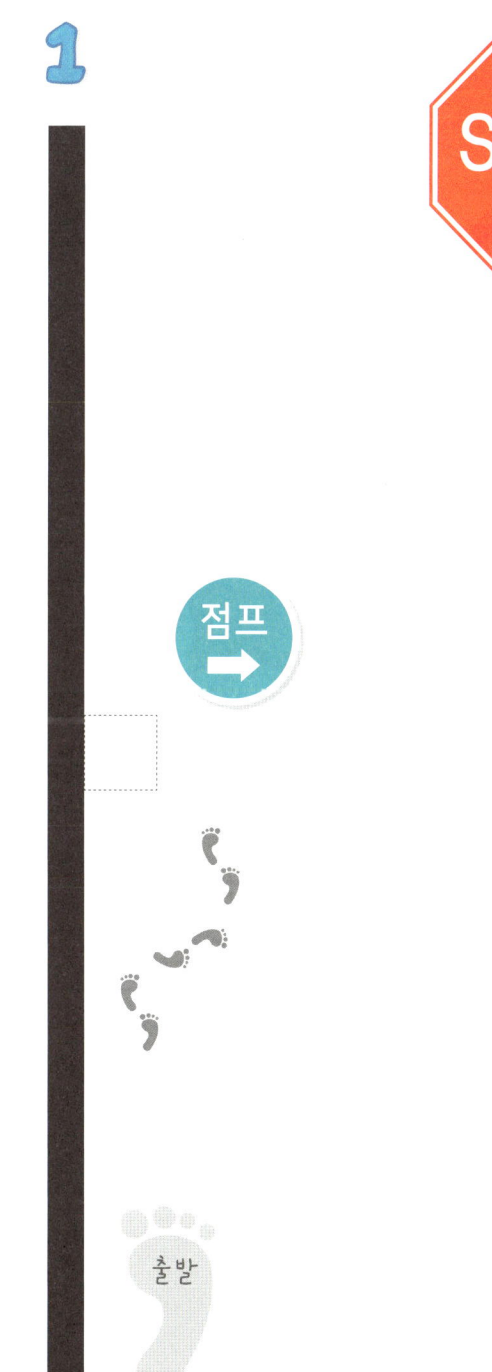

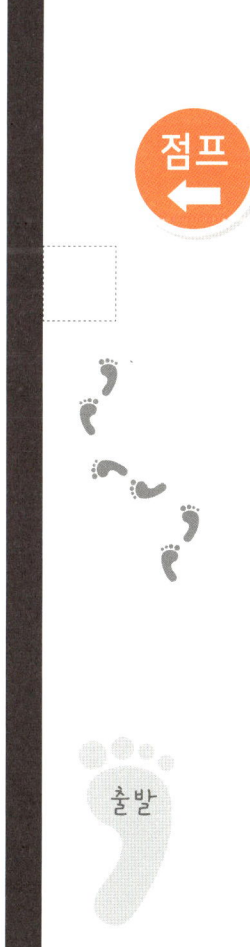

가족을 찾아 주세요

 가족끼리 만날 수 있도록 번호 순서대로 코딩하세요.

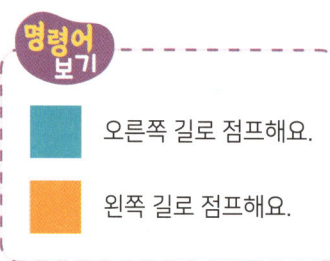

명령어 보기
- 🟦 오른쪽 길로 점프해요.
- 🟧 왼쪽 길로 점프해요.

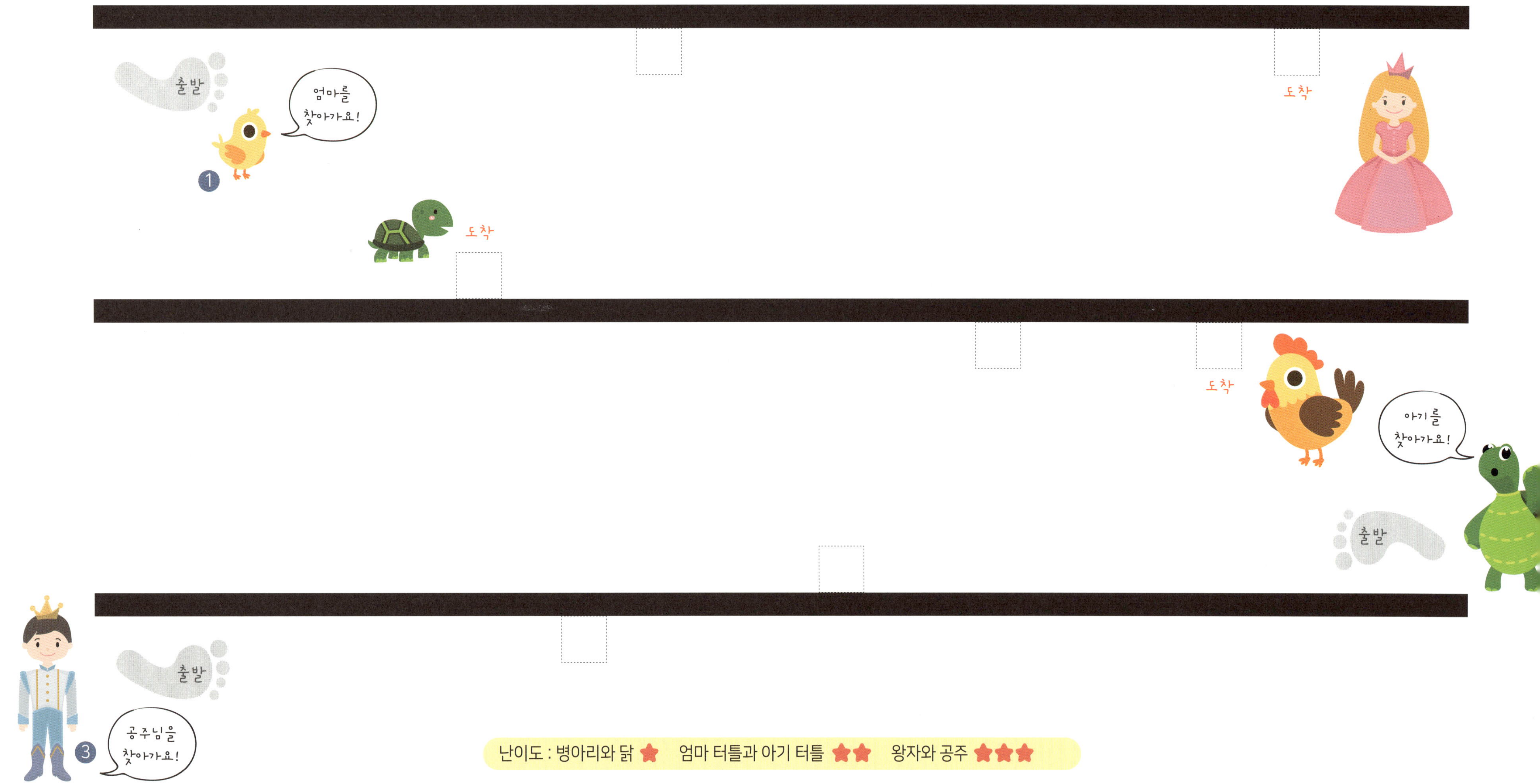

난이도 : 병아리와 닭 ⭐   엄마 터틀과 아기 터틀 ⭐⭐   왕자와 공주 ⭐⭐⭐

출근길 설계 대작전

바쁜 출근 시간, 아빠 포켓 터틀이 늦지 않고 안전하게 회사에 도착하도록 코딩하세요.

명령어 보기
- 🟣 U - 턴해요.
- 🟠 왼쪽 길로 점프해요.
- 🟡 왼쪽으로 돌아가요.
- 🟢 앞으로 이동해요.

아빠 회사   도착

주유소

어떤 색 명령어를 코딩해야 할까? 생각해 봐야겠군!

출발

이런! 길이 막히는군! 더 빠른 길로 가야겠어!

커피

복잡한 문제도 척척

어느 날 포켓 터틀은 양, 풀, 늑대 친구들이 강을 건너도록 배에 태워 주기로 했어요.
포켓 터틀의 배는 너무 작아 한 번에 한 명의 친구만 태울 수 있어요.

그런데 늑대는 양을 잡아먹고, 양은 풀을 먹어 버려 같이 남겨둘 수 없어요. 어떻게 하면 좋을까요?

숲속 친구들 모두 안전하게 강을 건널 수 있도록 도와주세요.

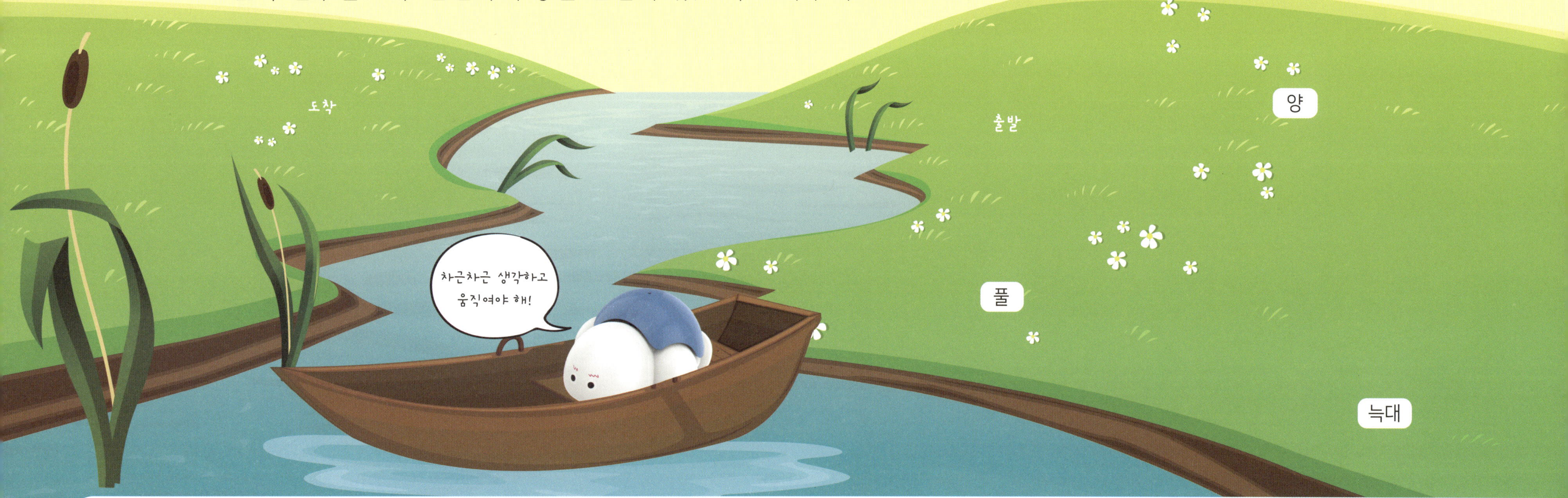

준비물
활동 딱지 (p.59)

 이름이 표시된 곳에 양, 풀, 늑대(활동 딱지)를 놓으세요. 그리고 5단계 동안에 강 건너편으로 모두 옮겨주세요.

※ 친구를 태웠을 때 1개의 단계로 인정합니다.

코딩 3종 경기 **라인트레이서**

함께하자 도전!

포켓 터틀이 순서대로 아이템을 찾도록 코딩하세요.

준비물: 포켓 터틀, 8색 마커, 수정 스티커

출발

① (사탕 바구니)
② (로봇)
③ (곰인형)
④ (책)

도착

차근차근 생각해야 코딩할 수 있지!

<점수 주기 예>
- 각자 정해진 시간 동안 찾은 아이템의 개수 기준
- 정해진 아이템 찾기를 끝낸 친구들 순서 기준

PART 04 터틀 코딩의 유래

 숨어있는 포켓 터틀 5마리를 찾아 ○ 표하세요.

카드 코딩(Card Coding)

카드 명령어를 코딩해 포켓 터틀을 움직이게 할 수 있어요.

카드를 입력하면 마법이 일어나!

7장의 명령어 카드를 살펴보세요.

1. 포켓 터틀을 이동하게 할 때 필요한 카드에 ○ 표하세요.
2. 포켓 터틀을 회전하게 할 때 필요한 카드에 △ 표하세요.
3. 모자 속 카드는 언제 필요할까요?

# 카드 코딩 모드를 켜요

 카드 코딩 순서를 알아보세요.

1 전원 켜기

2 카드 코딩 모드 켜기

길게 1번 클릭

3 카드 명령어 입력하기

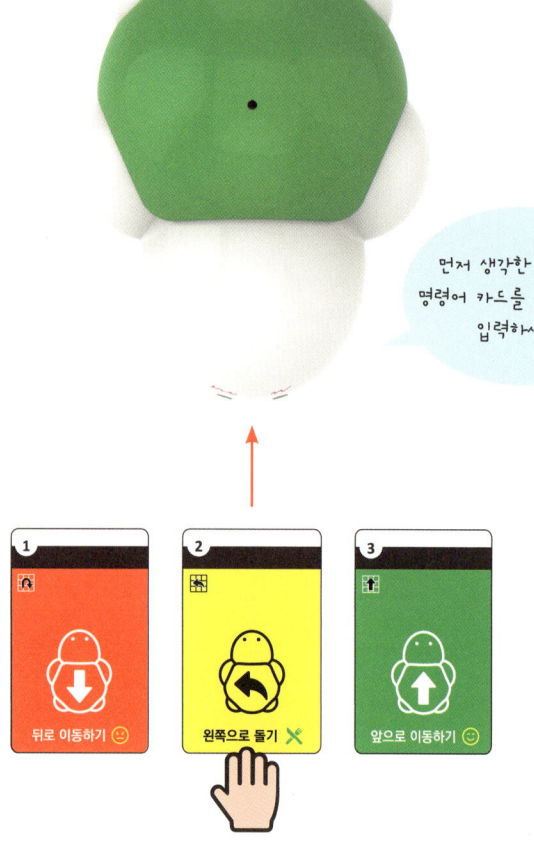

먼저 생각한 순서대로 명령어 카드를 놓은 다음에 입력하세요.

4 시작하기

클릭

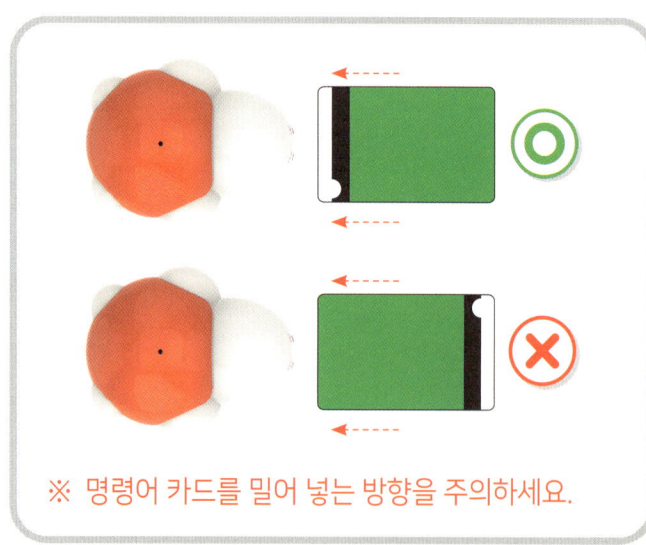

※ 명령어 카드를 밀어 넣는 방향을 주의하세요.

PocketTurtle

어디만큼 갔니

앞으로 이동하기, 뒤로 이동하기 명령어를 코딩하세요.

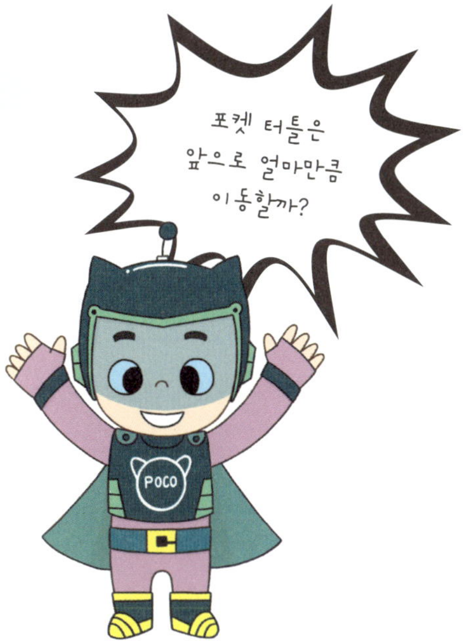

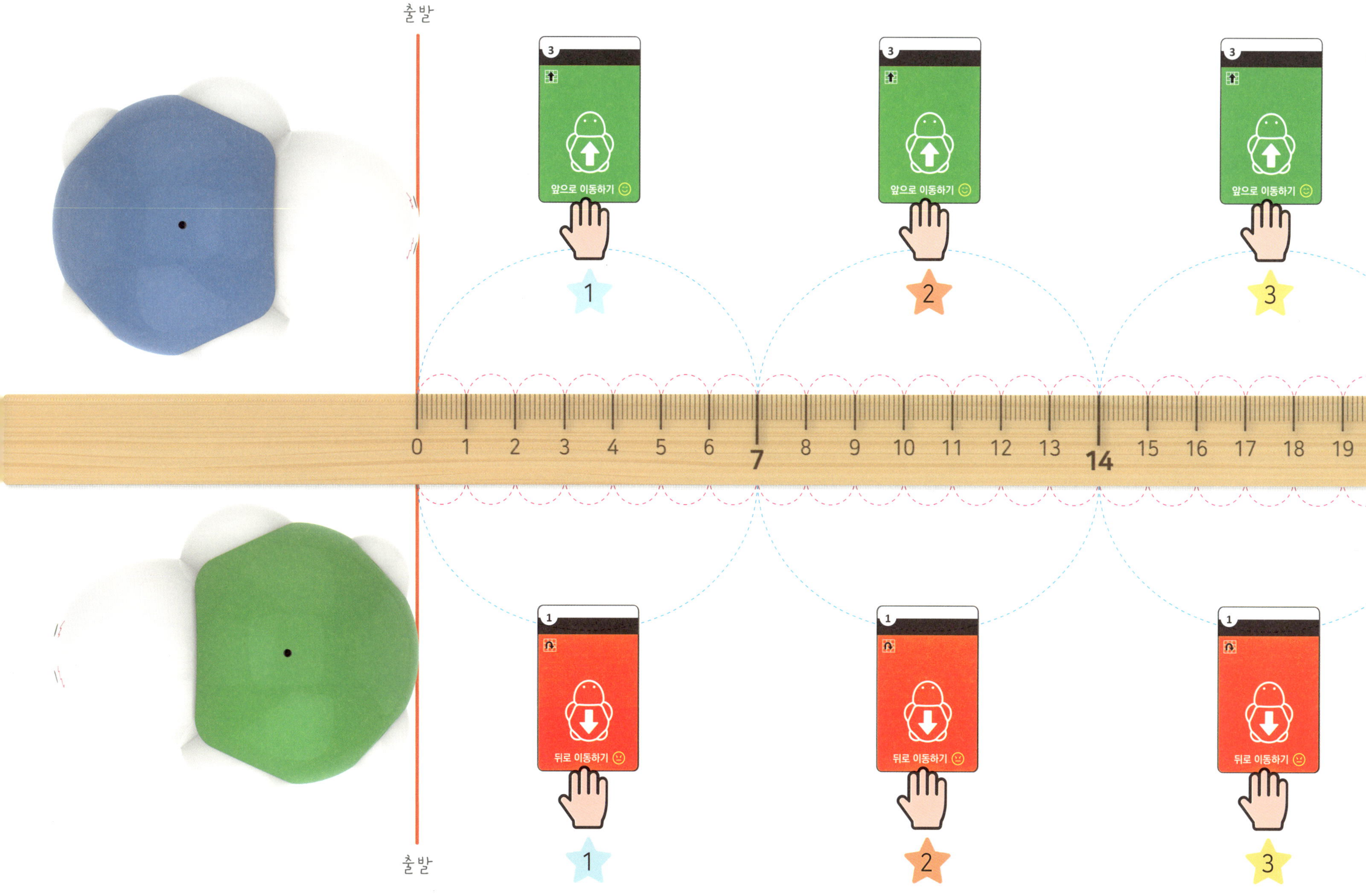

준비물
포켓 터틀, 명령어 카드

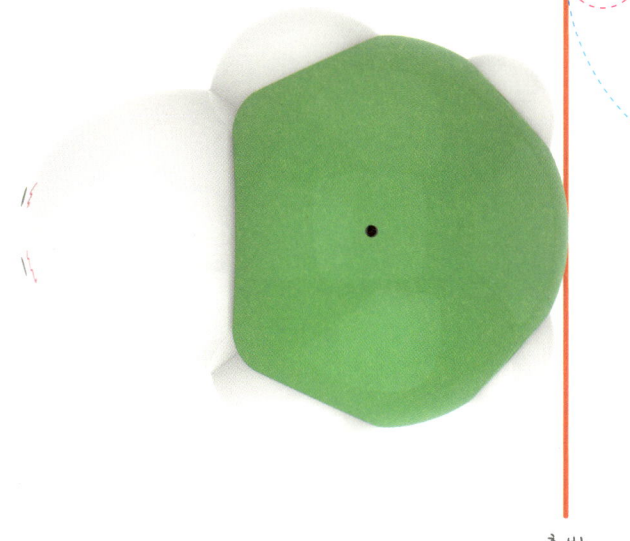

출발

카드 코딩 보드(바다)
p. 46과 함께 사용하세요.

빙글빙글 포켓 터틀

포켓 터틀이 내 앞에서 멈추면 술래가 돼요.

준비물
포켓 터틀, 명령어 카드 (무작위 방향 전환)

빙글빙글~
돌아라~

로봇 놓는 위치

술래가 되면 다음 중 1가지를 하세요.

좋아하는 (친구 이름)을 말해 주세요.

멋진 (노래)를 불러 주세요.

(엄마, 아빠)의 자랑을 해 보세요.

(강아지) 울음소리를 흉내 내세요.

(나)를 자랑해 보세요.

(자동차) 소리를 내 보세요.

(1 더하기 1은) 몇 일까요?

PockeTurtle

 ## 공룡 구출 대작전

 1. 가장 먼저 모든 공룡 구출하기
2. 정해진 시간 내에 가장 많은 공룡 구출하기

 준비물
포켓 터틀, 명령어 카드, 활동 딱지 (p.59), 스티커

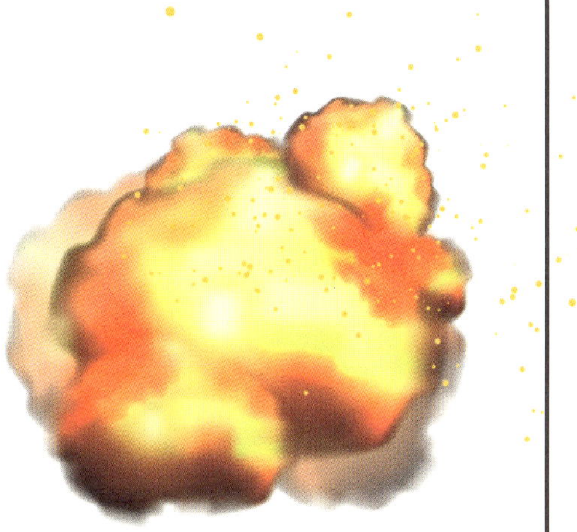

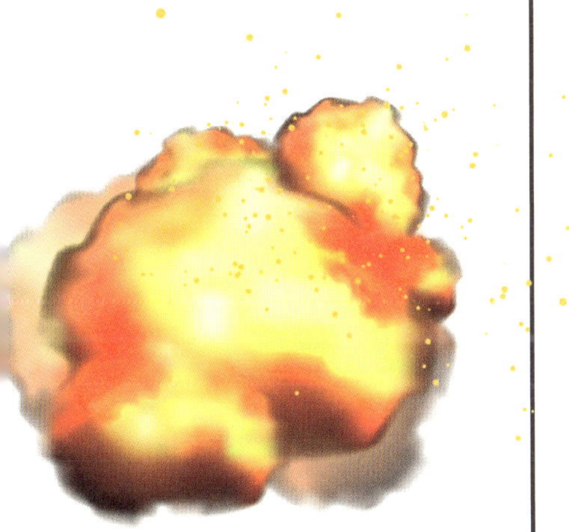

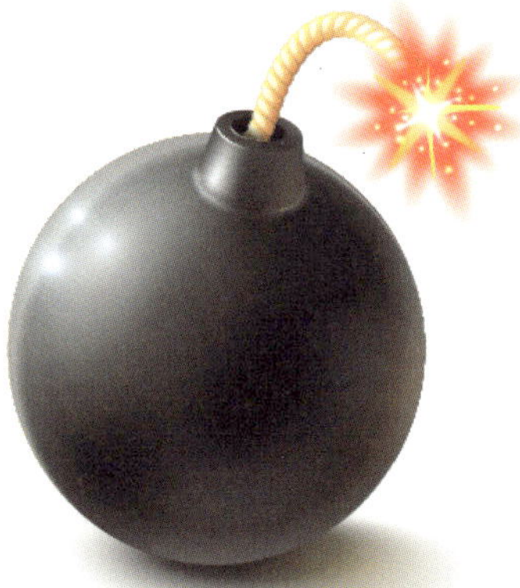

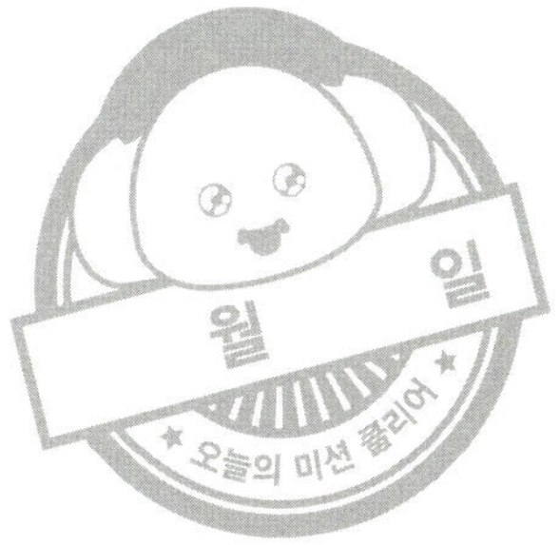

※ 길 막기 스티커를 사용하세요.

 # 코코와 포코 색칠하기

준비물
색칠 할 수 있는 도구 (색연필, 마커 등)

 코딩맨 친구들을 예쁘게 색칠하세요.

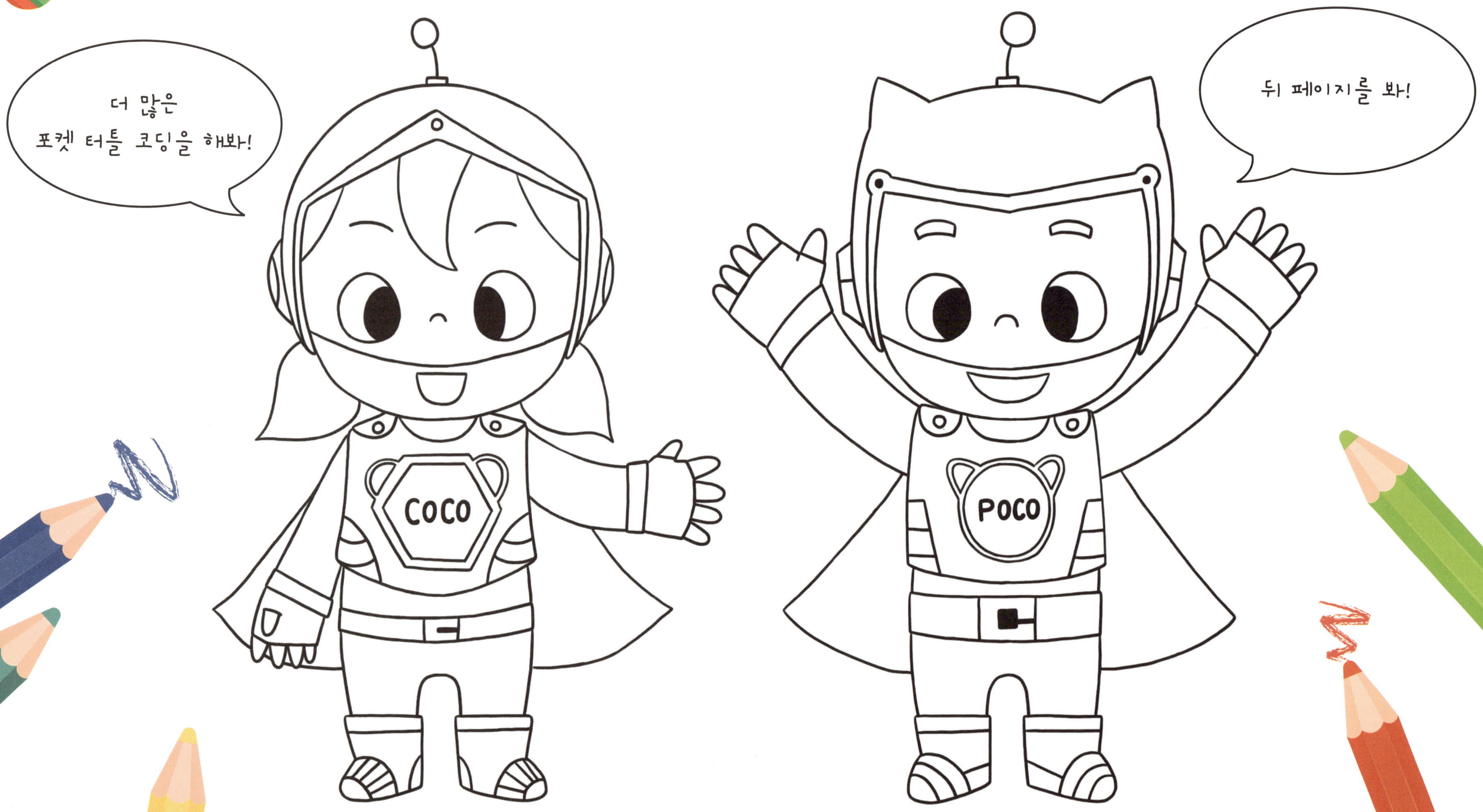

더 많은 포켓 터틀 코딩을 해봐!

뒤 페이지를 봐!

명령어 듣고 움직이기

 선생님께서 불러주시는 명령어를 잘 듣고, 포켓 터틀을 이동하게 하세요.

 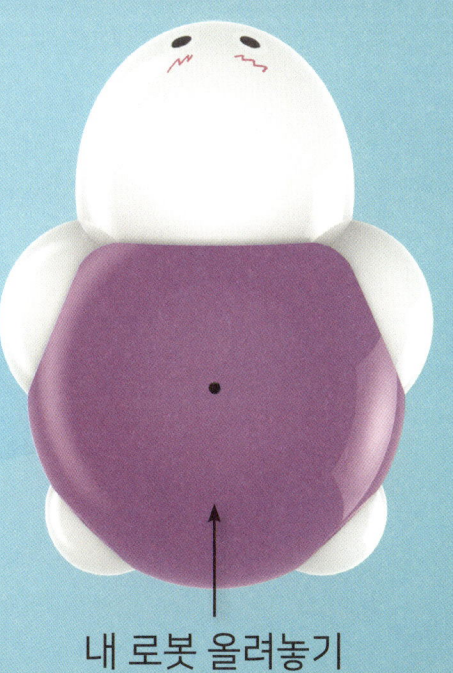 

내 로봇 올려놓기

신기한 포켓 터틀 악기 놀이

포켓 터틀은 색을 감지해 음을 소리 낼 수 있어요.

첼로
하프
기타
색소폰
북
클라리넷
바이올린

 **포켓 터틀을 사용해 연주하세요.**

준비물 : 포켓 터틀, 음계 카드

🎵 음계 카드와 같은 색을 켜며 음을 소리 내요.

❶ 포켓 터틀을 음계 카드의 색 위에 얹고 소리를 들어 보세요. 어떤 소리가 들리나요?

❷ 선생님께서 불러주시는 색을 읽으며 연주해 볼까요?

도 레 미 파 솔 라 시

※ 등을 누른 채 색을 읽으면 한 옥타브 높은음으로 소리가 나요.

포켓 터틀 댄스 대회

포켓 터틀과 함께 신나는 리듬 댄싱을 시작해요.

추천 활동

 리듬 댄싱 모드를 사용하세요.

① 등 버튼을 누른 채 전원 켜기

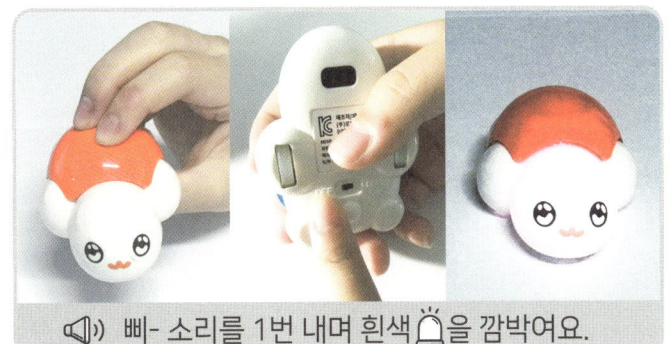

🔊 삐- 소리를 1번 내며 흰색 🔔을 깜박여요.

② 등 버튼을 짧게 2번 클릭하기

🔊 삐-소리를 2번 내며 초록색 🔔을 켜요.

③ 리듬 입력하기와 실행하기

원하는 리듬대로 등 버튼을 클릭해요.

등 버튼을 클릭할 때마다 빨간색 🔔이 켜져요.

클릭이 완료되면 약 3초 후 리듬대로 🔊 소리를 내며 무지개색 🔔을 깜박이며 움직여요.

움직일 때 클릭하면 멈추고 다시 클릭하면 움직여요.

라인 코딩 연습하기 2

번호 순서대로 포켓 터틀이 이동하도록 코딩하세요.

도착

준비물
포켓 터틀, 8색 마커, 수정 스티커

출발

① ② ③ ④

포켓 터틀 운전 면허

준비물
포켓 터틀, 8색 마커, 수정 스티커

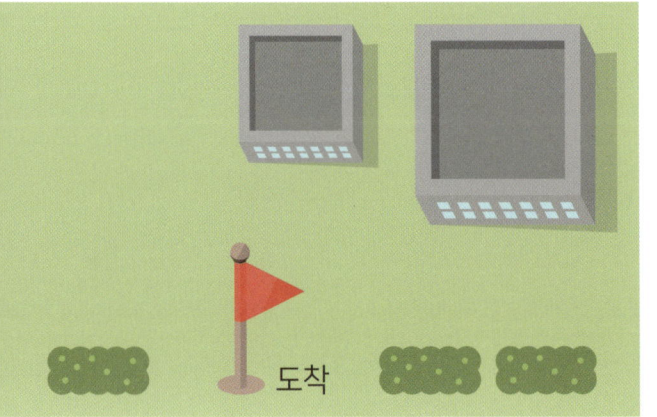

도착

눈으로 길을 살펴보기,
머리로 생각하기,
손으로 포켓 터틀 움직여보기,
코딩하기!

1 다음 순서대로 코딩하세요.
첫 번째 교차로에서 앞으로 이동하기 → 두 번째 교차로에서 왼쪽으로 돌기
→ 세 번째 교차로에서 1번 더 왼쪽으로 돌기 → 네 번째 교차로에서 오른쪽으로 돌기 → 도착

2 출발에서 도착까지 가는 다른 길도 코딩하세요.

출발

카드 코딩 보드(과일)

 활동 딱지

P.49

P.36

P.25

P.38

접는 선

접는 선